스스로 배우는 아이로 자라는 중입니다

유성동 지음

스스로 배우는 아이로 자라는 중입니다
ⓒ 유성동

발행일 2025년 9월 5일
지은이 유성동
발행인 공준식
발행처 공감s
주소 부산광역시 서구 송도해변로21 101동 1002호

기획·편집 공준식 송다감
책임편집 오경란
마케팅 고민수
디자인 추민지

출판등록 2023년 4월 20일 | 제331-2023-000009호
E-mail dreamss91@naver.com
대표전화 010-6759-5115

ISBN 979-11-93737-35-4 (03190)

• 공감s는 주식회사 드림쉐어스 출판 브랜드입니다.
• 이 책은 저작권법에 따라 보호를 받는 저작물이므로 무단 전재와 무단 복제를 금합니다.

스스로 배우는 아이로 자라는 중입니다

유성동 지음

공감s

추천사

강원국

전 대통령 연설비서관, 《대통령의 글쓰기》 저자

《스스로 배우는 아이로 자라는 중입니다》는 '아이를 스스로 자라게 하는 법'을 삶과 교육의 언어로 풀어낸 친절한 길잡이입니다. '아이를 잘 키우는 법'을 말하지만, 실은 '부모가 덜 어리석어지는 길'을 보여줍니다. 이 책은 아이를 잘 키우는 법을 넘어, 부모로서 자신을 돌아보고 성장할 수 있는 기회를 제공합니다.

'완벽한 부모'라는 부담을 내려놓고, 진정으로 '따뜻한 사람'으로 아이와 함께 성장하고 싶은 당신에게 따뜻한 위로를 건넵니다. 많은 부모들이 생각하는 완벽한 교육법은 사실 아이에게 큰 짐이 될 수 있습니다. 이 책은 그런 무게를 덜어주고, 아이와 부모가 함께 성장할 수 있는 길을 제시합니다. 책을 읽고 나면, 마음이 한결

가벼워지고, 더 이상 '완벽한 부모'가 되지 않아도 괜찮다는 것을 깨닫게 될 것입니다.

아이에게 필요한 건 부모로서의 진심 어린 마음과, 그들을 믿고 기다려주는 태도입니다. 부모가 되기 위한 정답은 없지만, 부모가 가야 할 방향을 명확히 해줘야 한다는 것을 책에서는 강조합니다.
《스스로 배우는 아이로 자라는 중입니다》는 아이의 성장을 돕는 동시에, 부모도 그 과정에서 성장할 수 있도록 돕는 지침서입니다. 부모가 스스로 배우고 성장하는 모습이 아이에게 가장 큰 영향을 미친다는 사실을 다시 한번 깨닫게 될 것입니다. 부모가 변화하고 성장할 때, 아이는 그 변화를 자연스럽게 따라가며 자신만의 길을 찾습니다.

유성동 작가는 이 책을 통해 부모와 아이가 함께 성장하는 여정에 대해 깊은 통찰을 전합니다. 14년 동안 아이들과, 그리고 그들의 학부모들과 함께했습니다. 교직 생활을 하며 느꼈던 그의 따뜻한 마음과 진지한 고민이 책 곳곳에 스며들어 독자에게 큰 위로를 줄 뿐만 아니라, 진정한 교육이 무엇인지 깨닫게 해줄 것입니다.

추천사

오서영

전주교육대학교 평생교육원 시낭송 전담교수

유성동 작가는 초등학교 현장에서 아이들과 함께 호흡하며, 교육의 본질이 무엇인지 깊이 고민해 온 분입니다. 삶을 살아가는 힘을 기르도록 돕는 것이 '진짜 교육'이라며 늘 얘기했습니다. 그 신념을 바탕으로, 교실이라는 작은 우주 속에서 아이들의 목소리에 귀 기울이며 따뜻한 눈빛으로 길을 안내해 왔습니다.

교육자로서 그는 조용하지만 단단한 분입니다. 교육을 요란하게 말하지 않으면서도 늘 있어야 할 자리에서 더 교육적인 선택을 해 왔습니다. 성과보다는 과정, 경쟁보단 협력, 효율보단 진심을 소중히 여겨왔기에 함께한 학부모와 동료들 사이에서도 두터운 신뢰를 쌓아왔습니다.

그는 또한 변화하는 시대 속에서 끊임없이 배움을 이어왔습니다. 아이들에게 '스스로 배우는 힘'을 길러주는 교육의 방향성을 고민하며, 저서 《스스로 배우는 아이로 자라는 중입니다》를 통해 자신의 철학과 실천을 세상에 전하게 되었습니다.

이 책은 부모에게 특히 큰 울림을 줍니다. 아이가 공부를 잘하는 것에 머물지 않고 스스로 배우는 아이로 자라기를 바라는 부모라면, 많은 통찰을 얻게 될 것입니다. 아이의 자율성과 내면적 동기를 어떻게 길러줄 것인지에 대한 방향성이 제시된 책입니다.

그는 누구보다 아이를 중심에 두는 교육을 실천해 온 사람으로서, 그가 가진 진실한 마음과 성찰의 깊이, 교육을 향한 일관된 태도는 언젠가 더 많은 이들에게 빛을 발할 것으로 확신합니다.

누군가를 추천한다는 건 결코 가볍지도 간단치도 않은 일입니다. 그러나 유성동 작가를 추천하는 것엔 전혀 망설임이 없습니다. '교육은 결국 사람을 키우는 일'이라는 명제를 제대로 실현할 분이기 때문입니다. 제 글이 그의 더 큰 무대에서의 활약을 위한 작은 밑거름이 되길 바랍니다.

추천사

곽영훈

프라임치과 대표원장

아이를 키운다는 건 생각보다 훨씬 더 많은 질문을 품게 하는 일입니다. '어떻게 말해야 할까?', '언제까지 참아야 할까?', '지금 도와줘야 할까 기다려야 할까?' 정답은 없고, 매 순간 선택의 연속입니다. 그 과정에서 어느 순간 나도 모르게 깨닫습니다. '아이를 키운다고만 생각했는데, 결국 나도 아이와 함께 자라고 있구나!'

《스스로 배우는 아이로 자라는 중입니다》는 이처럼 당연하지만 잊기 쉬운 진실을 다시금 떠올려 주는 책입니다. 아이를 잘 키우는 육아법을 일러주기보단, 아이가 잘 자랄 수 있도록 부모로서 어떻게 아이 곁에 있어야 하는지를 따뜻하게 알려주고 있습니다.

14년간의 교직 생활을 접고, 아이들의 자율성과 주도성을 키워주는 교육 풍토를 만들고자 〈좋은교육시민연대〉의 대표가 된 유성동 작가는 말합니다.

"스스로 한다는 건 자라는 것과 같다."

"실패도 총량이 있다면 어릴 때 많이 경험하게 하라."

"우산 들고 가라고 하기보다 비가 온다고 말해보라."

아이들의 '짓는 인생'을 위해서 필요한 건 간섭이 아니라 선택할 기회, 불안 아닌 기다림, 정답보다 공감으로 바라봐 주는 시선이라는 교육 전문가다운 생각들이 곳곳에 담겨 있습니다.

이 책은 아이의 성장과 함께 부모를 더 좋은 어른으로 이끕니다. 내 아이를 스스로 배우는 아이로 자라게 하기 위해서는 인생의 첫 번째 스승인 부모가 말보다 행동으로 보여주고, 끊임없이 배우고, 또 계속 자라야 함을 깨닫게 해줍니다. 책을 읽다 보면 아이를 다그치고 조급해했던 나의 말과 시선, 그리고 행동들이 자연스레 떠올라 부끄러움도 느낍니다.

《스스로 배우는 아이로 자라는 중입니다》는 아이를 위한다는 이유로 너무 앞서 나가려 했던 나를 잠시 멈추어 세워 아이의 걸음을 바라보게 해준 고마운 책입니다. 아이의 자율성과 주도성을 어떻게 키워줄 수 있을지가 고민인 분, 부모로서 나의 모습과 태도를 돌아보고 싶은 분들께 진심을 담아 추천합니다.

부모와 아이는 함께
성장해 간다

30년 전, 그 시절 교실은 교사가 일방적으로 지식을 전달하고, 학생은 수동적으로 듣고 받아쓰는 게 익숙한 풍경이었습니다. 질문을 유도하는 교사는 없고, 질문하는 학생도 드물었습니다. 세월이 지나, 지금은 교실이 많이 변했습니다. 수업방식과 교과서 모두 변화를 주도하진 못해도, 시대적 변화에 맞춰 내용과 방법적 측면에서 조금씩 발전해 왔습니다.

요즘 아이들은 어떤가요? 과거의 우리들보다 매우 적극적이며,

저마다의 생각이 또렷하고 분명하게 표현합니다. 불공정한 상황에 예민하고 개인주의적 성향도 있으나, 잘 협동하며 곧잘 양보합니다. 승부욕은 강하나, 결과가 납득이 되면 바로 승복합니다.

진정한 교육 환경은
부모의 삶 자체에서 만들어진다

14년 동안 초등교사로서 아이들과 마주했던 경험, 주일학교 교사로서의 활동, 그리고 아버지로서 아이를 키우며 얻은 교훈과 학부모 상담을 통해 얻은 다양한 깨달음을 바탕으로 여러 주제를 풀어나갔습니다.

   1장에선 스스로 하는 아이로 자라기 위한 어른들의 노력, 즉 칭찬과 좋은 낙인, 성취감과 선택권 주기, 모범 보이기, 가두지 않는 말, 조바심 극복, 실패 총량제, 독서의 즐거움 등을 담았습니다.

   2장에선 쉽고 즐겁게 공부하는 방법들, 즉 다르게 생각하는 역발상, 메모와 마인드맵, 4단 분리의 유용성, 어휘력과 한자 학습의 필요성, 보수와 곱셈 보수, 창의적 사고 등을 다뤘습니다.

3장에선 아이를 바꾸는 건 부모의 태도임을 강조하며 기회를 주고 질문하기, 시선과 관점의 변화, 인정하고 기다리기, 긍정 확언과 감정조절, 부모 대화법과 부모가 남겨야 할 유산 등을 다룹니다.

4장에선 결국 "부모와 아이는 함께 성장해 간다."라는 깨달음을 바탕으로 작은 실천의 중요성, 정리와 정돈, 돈과 시간의 중요성, 의식적인 생각과 행동, 예측과 준비 등을 다루었습니다.

5장에선 더욱 큰 틀의 교육환경 변화를 설명하고, 아이의 진정한 행복과 성장을 위한 부모의 변화와 결단을 강조했습니다.

자율성과 주도성의 강조는 결코 방치와 방임을 뜻하지 않습니다. 아이가 자율적이고 주도적으로 생각하고 행동하기 위해선 부모의 치밀한 계획과 실천이 선행되어야 합니다. 어느 궤도에 오르기 전까진 아이를 위한 1~4장의 노력이 부모에 의해 꾸준히 실행되어야 합니다.

가장 중요한 교육법은 부모의 '모범 보이기'입니다. 좋은 환경은 외부에도 존재하지만, 진정한 교육 환경은 부모의 삶 자체에서 만들어집니다. 부모는 아이의 가능성을 제한하지 말고, 아이가 스스로 어려움을 극복할 수 있도록 믿고 기다려주세요. 그러면 아이는 어느새 낯선 문제 앞에서도 자신만의 해결책을 찾는 주도성을, 실패 앞에서도 다시 도전하는 용기를 갖게 될 것입니다.

지금, 이 책을 펼치며 아이와 함께 성장하는 여정을 시작하려고 합니다. 그 길 위에서 부모와 아이는 서로의 변화와 성장을 이끌며 더 나은 미래를 향해 함께 나아갈 것입니다.

2025년 여름,
유성동

차례

추천사 004
프롤로그 _ 부모와 아이는 함께 성장해 간다 010

1장 스스로 배우는 아이는 이렇게 자란다

아이 스스로 행동하게 만드는 6가지 방법 018
맹모삼천지교는 지금도 유효하다 023
선택 총량제, 스스로 선택하는 아이 027
아이의 가능성을 가두는 부모 030
정말 잘못했어요 034
행복 총량제, 누구에게나 행복은 있다 038
실패 총량제, 믿고 기다려주는 인내와 지혜 041
독서, 삶의 보물을 찾아 떠나는 지혜로운 여정 044

2장 공부의 '틀'을 깨다

다르게 하면, 진짜 다르게 된다?	052
공부를 그림처럼, 그리고 이야기처럼	057
머릿속 정리정돈, 공부의 시작은 여기서부터	060
어려운 것도 네 조각으로 나누면 해볼 만하다	063
어휘력이 곧 경쟁력이다	066
만약 수학이 재밌을 수 있다면	071
역발상과 창의성의 상관관계	075
수학의 숨겨진 재미, 곱셈 보수	082

3장 결국 아이를 바꾸는 건, 부모의 태도다

아이 인생의 첫 번째 스승	090
관점 바꾸기 연습	093
원래 그런 아이잖아	100
아이의 성장을 이끄는 질문의 힘	104
긍정의 씨앗, 자주 확언하기	109
삶의 가장 소중한 자산	116
소통하는 아이로 키우는 부모 대화법	119

4장 부모도 아이와 함께 성장한다

순서만 바꿨을 뿐인데	128
정리는 이별이고, 정돈은 초대이다	131
4등분으로 나누면 인생이 조금씩 보인다	135
시간을 사는 수단, 돈	138
시간이 없어서 못 했다니까요?	142
실패라는 벽돌쌓기 게임	145
반응의 속도보다 예측의 지혜를 갖추다	151

5장 아이들 교육이 유독 '나'만 힘들었던 이유

성적만 쫓는 교육, 아이의 행복을 놓치고 있다	156
변하고 있는 교육 패러다임	161
부모가 달라져야 아이가 달라진다	166
초등학생부터 경제교육이 필요한 이유	170
자신만의 색을 찾아라, 굳어진 선입견을 넘어	176

에필로그 _ 함께 성장하는 부모와 아이의 여정   181

1장

스스로 배우는 아이는 이렇게 자란다

아이 스스로 행동하게 만드는 6가지 방법

"스스로 한다는 건, 자라는 것과 같다."

공부든 일상이든 결국 아이는 스스로 해야 한다. 누군가 시켜서 움직이는 삶은 오래가지 못한다. 아이 스스로 하게 하는 시작은 작고 따뜻한 곳에서 출발한다.

어떻게 해야 할까? 어떻게 하면 아이 스스로 행동하게 만들까? 그 6가지 방법에 관해 얘기해 보겠다.

아이 스스로 행동하게 만드는 6가지 방법

1. '칭찬'이라는 마법

잘했을 때만 칭찬하지 말자. 실수를 안 했을 때도 칭찬할 수 있다. 특별히 잘한 게 없어 보여도 괜찮다. 칭찬은 기분이 좋아지는 말이고, 그 기분이 자신감의 불씨가 된다.

"이번에는 실수가 줄었네? 대단해!"

"해낼 줄 알았다니까!"

"난 널 믿고 있었어."

이런 말 한마디가 내 아이의 하루를 춤추게 만들 수 있다. 고래도 춤춘다는데, 아이는 얼마나 더 춤추고 싶어 할까?

2. "나는 못한다"라는 낙인을 지워주자

"나는 수학을 못 하는 사람인가 봐."

"나는 말재주가 없어."

이렇게 아이가 자신에게 라벨을 붙이지 않도록 하자.

"처음엔 원래 잘 못하는 거야."

"이건 어려운 건데 넌 벌써 여기까지 해냈어!"

"벌써 네 다음이 기대돼!"

이런 말은 아이 안의 불씨를 꺼트리지 않고 살려주는 언어이다.

3. 공부를 놀이처럼 느끼게 해 주기
공부가 진짜 재미있긴 어렵다. 그렇지만 '즐길 방법'은 있다.
- 학원 놀이 : 아이가 선생님이 돼서 가르치게 하기
- 짝 맞추기 카드 : 게임처럼 단어를 외우게 하기
- 오감을 활용한 체험 교구들 : 특히 저학년에게 효과 만점!

함께 고르고, 같이 웃으며 공부를 놀이처럼 느끼게 해 주는 것, 그게 부모가 해 줄 수 있는 최고의 선물이다.

4. 성취감을 선물하기
쉬운 자격증부터 도전하게 해보자. 예를 들어, 한자 9급, 초등 2학년 수준이면 충분하다. "이걸 해냈어?", "우와, 진짜 자격증이다!" 이런 말들이 아이의 눈을 반짝이게 한다. 성취감은 또 다른 도전으로 이어지는 에너지가 된다.

5. 보상과 책임은 함께 가야 한다
'공부 30분 = 오락 10분, 도장 10개 = 간식 1회'

보상은 즉각적이고 명확해야 한다. 성공했을 때만 주는 게 아니라 작은 잘함이 모였을 때 큰 보상을 줘보자. 그럼 아이는 '열심히'가 아니라 '기꺼이' 하게 된다.

짓는다는 건 스스로 했다는 의미다. 우리말에서 '짓다'는 말은 사람만이 할 수 있는 창조의 말이다. 집을 짓고, 밥을 짓고, 시를 짓고 꿈도 짓는다. 공장에서 '만든' 것이 아니라, 내 마음과 생각이 들어간 '짓는' 결과물이 되기 위해서는 스스로 해야만 한다.

6. 선택권을 주자

작은 것부터 선택하게 하자. 먼저 놀고 할지, 하고 나서 놀지를 스스로 정하게 하자. 제한된 선택이라도 선택은 선택이다. 아이는 존중받는 느낌을 받고, 실수해도 '내 선택이니까'라고 생각하며 결과에 책임지게 된다. 실수와 실패, 그게 가장 값진 체험학습이다. "엄마 때문이잖아!"라는 말이 안 나오는 아이로 키우는 비결은 스스로 선택하도록 하는 것이다.

부모는 아이 인생의 동행자

부모는 아이 인생의 동행자이다. 감시자도, 상사도 아닌 길을 함께 걷는 동행자이다. 아이의 '짓는 인생'이 남들과 똑같은 '만들어진 인생'이 되지 않도록 오늘도 스스로 하도록 기회를 한 번 더 줘 보자.

어리니까, 혼자 할 수 없어서, 내가 어른이니까, 규정이니까 등으로 선택권을 빼앗지 말자. 무엇을 먹을 것인지(준비된 메뉴 중에), 학습은 어떤 과목부터 할지, 학습한 후에 보상(맛난 간식 또는 게임) 받을지, 먼저 보상을 받고 학습할지 등 비록 '제한된 선택권'을 주면, 자신이 존중받는다고 느껴 행복해하며 열심히 하게 된다. 보상은 꼭 완수되었을 때 주는 게 아니다. 좋은 보상을 받으면 조금 싫은 것도 하기 마련이다.

맹모삼천지교는
지금도 유효하다

"사람은 환경의 자식이다."

사람은 말이나 생각보다 환경에 더욱 지배받는 존재이다. 일류 대학교 교수도 예비군복을 입고 훈련장에 가면, 길바닥에 아무렇지 않게 주저앉는다. 그게 바로 환경의 힘이다.

변화는 어렵지만, 환경은 선택할 수 있다

성격을 바꾸는 건 어렵다. 습관을 바꾸는 것도 힘들다. 다만, 환경은 바꿀 수 있다. 도서관에 가면 괜히 책을 읽고 싶고, 조용한 카페에 앉으면 괜히 뭔가를 쓰고 싶고, 공부 잘하는 친구들과 어울리면 나도 모르게 더 공부하게 된다. 환경은 사람을 '자연스럽게' 움직이게 한다. 이건 의지가 아니라 흐름이다.

'맹모삼천지교'는 지금도 유효하다. 맹자의 어머니는 아들을 좋은 환경에서 키우기 위해 이사를 세 번씩이나 했다고 한다. 오래전 이야기이다. 지금도 어른들은 "좋은 친구 만나야 너도 좋아진다."라고 말한다. 인간은 환경을 흡수하는 동물인 것이다. 그래서 "아이 앞에선 찬물도 못 마신다."라는 말도 있지 않은가.

아이들은 보는 대로 자란다. TV를 보며 웃는 부모를 보고서 아이도 리모컨을 들고 따라 웃는다. 이웃에게 인사 잘하는 부모를 보고 자란 아이는 주위 어른들에게 인사를 잘한다. 아이들은 귀로 듣기보다 눈으로 배운다. 말보다 행동을 보고 자란다.
고치려 하지 말고 보여주면 된다. 아이의 버릇을 고치려 하면 다툼이 생기기 마련이다. 화내고 지적하고 통제하려 하면, 겉으론 따르는 척해도 속으로는 멀어진다. 그럴 땐 말보다 '모범'이 답이다. 부모가 부모에게 효도하는 모습을 보여주면 아이도 그걸 당연한 삶의 방식으로 배운다.

'효도는 효돈'이라 했던가? 적은 액수라도 진심이 담긴 용돈은 어색한 말보다 훨씬 더 따뜻하다. 자녀가 부모님께 전화를 걸면 부모님의 입꼬리가 올라간다. 나는 가끔 부모님께 전화하는 게 어색하다. 세대차, 거리감, 공감대의 단절…. 하지만 손자, 손녀가 전화하면 이야기가 달라진다. 이야기꽃이 피고 웃음이 번지고 그 기쁨은 고스란히 '효도'가 된다. 아이에게 "할아버지께 전화 한번 해볼래?", "할머니한테 뭐 드시고 싶은지 물어볼래." 이렇게 시켜보자. 그 통화가 세대 간 사랑의 다리가 된다.

사람이 달라지려면 장소가 달라져야 한다

사람은 결심보다 환경에 더 강하게 반응한다. 도서관에 가면 공부하고, 체육관에 가면 운동하고, 착한 아이들 옆에 있으면 순해지고, 꿈이 있는 사람 옆에 있으면 꿈을 꾸게 된다. 아이에게 해 줄 수 있는 최고의 선물은 '좋은 환경에 노출시키는 것'이다.

 아이는 거울이다. 당신의 말투, 당신의 습관, 당신의 기분을 그대로 비추는 가장 정확한 거울이다. 좋은 환경은 외부에도 존재하지만, 부모의 삶 그 자체가 최고의 환경이다.

선택 총량제,
스스로 선택하는 아이

"선택에도 총량이 있다. 아껴 써야 할 소중한 자산처럼."

이외수 작가는 소설에서 "사람은 태어날 때부터 숨 쉴 수 있는 횟수가 정해져 있다."라고 했다. 정해진 호흡수가 있어서 도인들은 복식호흡을 통해 오래 살고, 운동선수들은 단명한다는 말도 거기서 나온 것이다. 이외수 작가는 기(氣)의 흐름이 숨을 통해 이어진다고 했다. 그렇다면 '선택'도 수명이 정해져 있는 건 아닐까?

선택의 총량은 같다

하고 싶은 일과 하기 싫은 일의 횟수가 총량으로 정해져 있다면, 어릴 때 하고 싶은 것만 골라 해버린 어른에겐 해야 할 일만 남는 건 아닐까? 복리이자의 원리가 여기서도 적용된다. 복리이자는 단지 돈의 개념이 아니다. 선택도, 집중도, 인생의 방향도 복리처럼 쌓여 간다. 지금 미뤄놓은 공부는 나중에 이자가 붙어서 더 많은 시간으로 갚아야 한다. 지금 쌓아둔 성실함은 나중에 기회로, 실력으로 배가되어 돌아온다. 선택도 마찬가지이다. 아껴 써야 더 오래, 더 멀리 간다.

세상은 불공평하지만 시간은 공평하다. 금수저냐 흙수저냐, 타고난 환경은 분명 차이가 있다. 그건 억울하지만 인정해야 할 현실이다. 다행히도 하루 24시간은 누구에게나 같다. 선택의 기회와 어떻게 쓰느냐는 우리 손에 달려 있다. 부모는 그 선택을 대신해 주는 사람이 아니라, 기회를 많이 보여주는 사람이어야 한다.

초등학교 시기엔 '국영수'도 중요하지만 '감각과 감성'도 중요하다. 초등학교 때부터 국영수에만 몰아넣지 말라. 중학교, 고등학교 가기도 전에 지쳐버릴 수 있다. 음악은 기억력을 높여준다. 악보, 가사, 멜로디는 단순 암기로는 안 된다. 미술은 관찰력을 키워준다. 그림 한 장을 그리기 위해선 대상을 100번도 넘게 봐야 한다. 운동은 기본 체력을 키워준다. '체력은 국력'이라는 말, 이제는 '체력이 집중력'이다. 명문 사립학교나 해외 명문 초등학교는 예체능 교육에 더 많은 시간을 쓴다. 그걸 모르면 아이보다 부모가 더 촌스럽다.

선택은 아이의 것, 부모는 기회의 문

아이는 스스로 선택할 수 있어야 한다. 부모가 모든 걸 정해놓고 "이게 네 길이야."라고 말하는 순간 아이의 선택 총량은 줄어든다. 선택 역시 숨처럼 조금은 아껴 써야 끝까지 멀리 갈 수 있다. 오늘도 아이에게 질문해 보자.

"무엇을 선택하고 싶어?"

이 물음 하나가 아이의 인생을 깊고 넓게 만들어 준다.

아이의 가능성을 가두는 부모

중국 여행 중에 누군가 식탁에서 한 마디 툭 내뱉었다. "오늘도 느끼하구먼…" 그날 메뉴는 여느 날과 다르지 않았는데 그 말 직후 모두가 젓가락을 내려놓았다. 하루는 "오, 오늘은 먹을 만한데요?" 딱 그 말 한마디에 모두가 신기하게도 밥을 잘 먹었다. 같은 음식 다른 인상, 이게 바로 선입견의 힘이다.

말 한마디가 아이의 마음을 지게도, 이기게도 한다. "이건 어려운 문제니까 잘 들어!" 이 말 한마디에 아이의 마음은 이미 겁을 먹고 시작한다. "공부는 원래 재미없어, 당연히 참고 해야 하는 거야.", "원래 너는 잘 못하잖아." 이런 말은 아이에게 실패할 준비부터 시키는 주문이다.

'어려워' 대신 '재미있어'라고 말해보자.
"이건 조금 복잡해서 더 재미있어!"
"잘 봐, 퍼즐 맞추는 것 같아!"
"이 부분이 좀 까다로운데, 그래서 더 신나지?"
이렇게 말하면 아이의 뇌는 '재미있는 걸 찾아보자.'라는 방향으로 움직인다. 생각은 말에 따라 움직이고, 행동은 생각을 따라간다.

말은 선물이자 방향을 잡아주는 나침반이다.
"너는 처음이라 그런 거야."
"천천히 하면 잘하잖아."
"누구에게나 처음은 어려운 거야."
"조금만 더 생각하면 할 수 있어."
이 말들이 쌓이면 아이 마음에 할 수 있다는 이미지가 만들어진다. 그 이미지가 아이를 움직인다.

아이의 가능성을 부모가 가두지 마라

경험은 각자 다르다. 당신이 어려워했다고 아이도 어려워할 거라 생각하면 정말 큰 오산이다. 당신이 못했던 걸 아이 역시 못할 거라 예단하지 말자. 부모는 자신의 한계를 아이의 미래에 덧씌우는 존재가 되어선 안 된다.

 말의 첫인상이 인생의 첫인상을 만든다. 말은 아이에게 세상을 향한 첫 창문이 된다. 그 창문이 밝고 따뜻하면 아이의 세상도 그렇게 시작한다.

"할 수 있어."

"충분히 돼."

"처음이라 그럴 뿐이야."

"그럼에도 넌 잘하고 있어."

이 말은 당신 자녀의 인생에 첫 빛이 될 수 있다. 부모는 말로써 아이의 마음에 첫인상을 새긴다. 그 첫 말이 희망이면 아이의 인생도 희망으로 시작한다.

정말 잘못했어요

우리는 종종 실수하거나 부족한 모습을 보일 때 무의식적으로 핑계를 찾거나 책임을 회피하려 한다. '내 잘못이 아니라 상황 때문에, 혹은 다른 사람 때문에'라며 말이다. 작은 실수부터 솔직하게 인정하고 "미안하다."라고 말하는 것이 훨씬 현명하다. 필요하다면 작은 보상으로 마음을 전할 수 있다.

예를 들어, 늦었다면 핑계 없이 "늦어서 죄송합니다. 다음에 차 한잔 대접하겠습니다."와 같이 진솔하게 사과하는 것이다. 이미 벌어진 일에 구차한 변명은 오히려 상황을 악화시킬 뿐이다.

특히 시간 약속을 가볍게 여기는 태도는 좋지 않다.

'좀 늦으면 어때?'라는 생각은 결국 습관이 되어 약속 어기는 일을 대수롭지 않게 여긴다. 약속 시간 10분 전 도착의 습관화를 추천한다. 미리 도착하면 늦어서 허둥대는 대신 여유로운 마음으로 상대를 기다릴 수 있다. 주변의 풍경을 감상하며 마음의 안정을 찾을 수도 있다. 10분이라는 작은 투자는 마음의 평화와 상대방에 대한 예의를 동시에 얻는 효과적인 방법이다. 세미나나 모임에 일찍 도착해 진행 요원들을 돕는다면 예상치 못한 배려와 평가를 받을 수 있다.

핑계, 거짓말의 시작

아이들이 핑계를 대기 시작하는 시기가 온다. 이는 아이의 사고력이 발달하고 혼나는 것에 대한 두려움이 생기기 시작했다는 신호이다. 이때 핑계를 댄다면 단호하게 훈육하고, 잘못을 바로 인정하고 "정말 잘못했어요."라며 진심의 사과를 했다면, 즉시 용서해 주어야 한다.

핑계를 통해 책임을 회피하는 경험은 거짓말의 시작으로 이어진다. 이는 아이의 성격과 미래에 큰 영향을 미칠 수 있다. 부모는 그 시점을 놓치지 말고 올바른 방향으로 이끌어줘야 한다. 이 시기의 훈육은 아이에게 책임감과 정직을 가르치는 중요한 기회다. 정직하게 잘못을 인정하면 용서받을 수 있다는 것을 명확히 심어주는 게 정말 중요하다.

아이가 잘못을 인정하는 것이 두렵고, 그로 인해 마음속에서 혼란스러움을 느낄 수 있다. 그렇기 때문에 아이가 진심으로 사과했을 때 부모는 즉시 용서를 통해 아이에게 큰 위로를 전하고, 그들이 느끼는 불안감을 덜어주어야 한다. 아이가 실수하는 것은 자연스러운 성장의 일부이며, 그 실수 속에서 교훈을 얻을 수 있도록 돕는 것이 부모의 역할이다.

아이가 잘못을 인정할 때마다 칭찬을 아끼지 않고, 그들의 정직함을 높이 평가하자. 정직함은 확실하게 칭찬해 주고, 잘못한 아이의 마음은 어루만져 주자.

아이들이 부모님의 기대 수준에 미치지 못한다고 해서 아이가 잘못한 것은 아니다. 때로는 부모님의 기대치가 아이의 성장 속도와 맞지 않을 수 있다. 부모가 설정한 목표가 너무 크거나 빠른 속도로 진행되면, 아이는 자신을 과도하게 압박하거나 스트레스를 받을 수 있다. 중요한 건, 자녀와 함께 도달할 수 있는 목표를 설정하고 차근차근 노력하는 것이다. 아이가 스스로 작은 성공을 경험하며 자신감을 얻을 수 있도록 도와주자. 부모는 아이가 각자 속도에 맞게 성장하도록 이해와 인내를 보여주어야 한다.

행복 총량제,
누구에게나 행복은 있다

어쩌면 행복의 크기 또한 남들과 크게 다르지 않을 수 있다. 행복의 반대되는 감정 중 하나가 '걱정'이다. 우리는 흔히 "이 걱정만 사라진다면 정말 행복할 텐데…"라고 말한다. 하지만 옛말에 "천 석 가진 부자는 천 가지 걱정이 있고, 만 석 가진 부자는 만 가지 걱정이 있다."라고 했듯 누구에게나 걱정은 존재하며 또 그만큼의 행복 또한 존재한다.

다른 사람을 부러워할 필요 없다. 당신에게도 당신만의 걱정이 있고, 또 당신만의 행복이 있기 때문이다. 다만 타인이 당신보다 조금 더 나아 보인다면 무작정 부러워하기보다는 그 사람이 어떻게 그런 결과를 만들어 냈는지, 어떤 태도를 보였는지, 그리고 어떤 노력을 기울였는지를 배우려고 노력하자. "부러우면 지는 거다."라는 말처럼 맹목적 부러움은 아무런 도움이 되지 않는다.

손해 보는 사람이 살아남는다

우리가 보기에 남들은 풍족해 보이고 늘 행복해 보일 수 있다. 어쩌면 그들 또한 아닌 척, 괜찮은 척 꾸미고 있는지도 모른다. 아무리 맛있고 비싼 음식을 먹어도 우리는 하루 세 끼를 먹는다. 같은 음식을 세 번 연속으로 먹으면 처음 그 맛은 사라지기 마련이다. 때로는 결핍에서 오는 작은 행복이 풍족함에서 느끼는 걱정보다 더 나을 수 있다.

조바심은 우리의 행복을 방해하는 가장 큰 적이다. 빨리 결과를 얻으려고 서두르면 실패할 가능성만 높인다. 조바심은 시험을 망치고 서두름은 결국 실수를 낳는다. 시험을 볼 때 마음이 급하면 아는 문제조차 떠오르지 않았던 경험이 있을 것이다. "급하다고 바늘허리에 실 매어 쓸까."라는 속담처럼 조급함은 오히려 일을 그르친다.

   행복한 사람은 여유롭고, 걱정이 많은 사람은 늘 서두른다. 마음이 급하지 않은 사람이 더 행복하고, 늘 쫓기듯 살아가는 사람은 걱정이 많을 수밖에 없다.

   관대함은 우리를 더욱 행복하게 만든다. 직접적인 손해가 없다면 최대한 너그러운 마음을 가져보자. 먼저 나서는 것보다 지켜보는 쪽이 더 좋을 수 있다. 길을 가다 앞사람이 돈을 줍는 광경을 보았을 때 '내가 조금만 더 빨랐더라면…' 하고 안타까워하기보다 내가 손해 본 것이 없어 다행이라고 여기는 것이 평안함을 준다.

   '적자생존(適者生存)'이 아닌 "손해 보는 사람이 살아남는다."라는 말은 어쩌면 우리에게 던지는 역설적인 메시지일지도 모른다. 때로는 손해 보는 듯한 관대함이 더 큰 행복과 긍정적인 관계를 가져다주지 않을까?

실패 총량제,
믿고 기다려주는 인내와 지혜

　선택 총량제, 행복 총량제와 더불어, 실패 총량제라는 개념도 생각해 볼 수 있다. 마치 우리가 세상에 나올 때 정해진 선택의 횟수와 행복의 크기가 있는 것처럼, 어쩌면 우리가 경험할 수 있는 실패와 성공의 횟수 또한 어느 정도 정해져 있을지 모른다. 그렇다면 좀 더 어릴 때 다양한 실패를 경험하는 것이야말로 미래의 성공을 위한 값진 투자가 될 수 있다. 마치 씨앗이 땅속에서 수많은 어려움을 겪고 뿌리를 내려야 비로소 튼튼한 나무로 자라듯이 말이다.

실패 총량제, 그리고 부모의 역할

일반적으로 성공 뒤에는 수많은 실패 경험이 숨겨져 있다. 성공과 실패의 비율은 극단적으로 1(성공) 대 99(실패) 정도일지도 모른다. 자녀가 부모의 도움으로 별다른 어려움 없이 쉽게 성공을 경험하면, 경험해야 할 실패의 수는 그대로 남은 채 성공의 기회만 줄어든다. 반대로 어릴 때의 실수와 실패는 인생 전체를 놓고 볼 때 그리 심각하거나 대수롭지 않은 것들이다. 오히려 진정으로 큰 실패는 실패 자체를 두려워하여 아무것도 시도하지 않는 것이다.

자녀에게 실패할 용기를 북돋아 주어야 한다. 실수나 실패를 경험했을 때 그것은 곧 성장의 밑거름이기에 비난하거나 혼내기보다 따뜻한 위로와 다시 도전할 수 있는 용기를 심어주자. 아이들이 실패해도 괜찮다는 믿음과 실수해도 다시 일어설 수 있다는 긍정적인 인식을 갖도록 격려해 주자. 도전하는 횟수가 많아질수록 당연히 실패와 실수의 경험은 늘어난다. 그때마다 좌절하지 않고 다시 도전할 수 있는 회복탄력성을 키워주는 것이 부모의 중요한 역할이다.

자녀가 실패하고 낙담하는 모습이 안쓰러워 부모가 대신 문제를 해결해 주려는 마음도 이해한다. 하지만 그것은 자녀를 마마보이로 만드는 지름길이 될 수 있다. 자녀를 직접적으로 돕는 상황은 스스로 할 수 없는 영역, 즉 신체적인 한계를 지니거나 명백한 능력 부족으로 어려움을 겪는 경우로 한정되어야 한다. 키가 작아서 높은 곳에 닿지 않거나 힘이 부족해서 무거운 것을 들 수 없는 경우 등이다.

단순히 사랑스럽고 안쓰럽다는 이유로 아이의 모든 요구를 들어주는 것은 경계하자. 물을 가져다 달라는 사소한 부탁조차 아이가 스스로 할 수 있는 일이라면 대신해 주는 것은 피해야 한다. 진정으로 자녀를 사랑한다면 스스로 해낼 수 있는 능력을 키워주는 것이 중요하다. 아이가 혼자서 어떤 일을 해냈을 때 그 성취를 대견하게 여기고 아낌없는 칭찬과 적절한 보상을 해 주는 것이 바람직한 양육방식이다.

계란이 스스로 껍질을 깨고 세상으로 나오면, '병아리'라는 온전한 생명력을 가진 존재가 된다. 하지만 누군가가 억지로 껍질을 깨면, 그 계란은 그저 '계란프라이'가 되어 누군가의 음식이 될 뿐이다. 아이가 스스로 어려움을 극복하고 성장할 수 있도록 믿고 기다려주는 인내와 지혜가 보호자에게 필요하다.

독서, 삶의 보물을 찾아 떠나는 지혜로운 여정

당신이 간절히 찾는 삶의 정답은 어쩌면 책 속에 숨겨져 있을지 모른다. 다만 그 정답은 쉽게 눈에 띄지 않고 깊숙이 숨겨져 있어서 보물찾기를 하듯 인내심을 가지고 찾아 나서야 한다.

자녀에게 독서하는 습관을 길러주는 것은 그 어떤 물질적인 유산보다 값진 선물이다. 책 속에는 세상의 모든 지혜와 경험이 담겨 있다. 독서를 통해 아이는 스스로 생각하는 힘과 세상을 이해하는 지혜를 키울 수 있다.

독서의 특별한 즐거움

독서에는 네 가지의 특별한 즐거움이 있다.

첫째, '살 때의 즐거움'이다. 서점에서 새로운 책을 고르는 행위는 마치 쇼핑과 같다. '어떤 이야기가 나를 기다리고 있을까?' 하는 설렘과 기대감은 독서의 시작을 더욱 즐겁게 만들어 준다.

둘째, '읽을 때의 즐거움'이다. 아직 그 의미를 완벽하게 이해하지 못하더라도 책장을 넘기며 스스로 위안을 얻고 미지의 세계를 탐험하는 듯한 느낌은 독서만이 줄 수 있는 특별한 경험이다.

셋째, '깨달음이 올 때의 즐거움'이다. 책을 읽는 행위의 가장 큰 수확이자 본질적인 목적은 바로 이 순간이다. 갑자기 머릿속을 환하게 밝혀주는 깨달음, 가슴 깊이 공감되는 문장과의 만남은 세상을 바라보는 우리의 시야를 확장시켜 준다.

넷째, '빌려줄 때의 즐거움'이다. 감명 깊게 읽은 책을 소중한 지인에게 권유하고 빌려주는 과정에서 지적인 교감을 나누게 되고 관계는 더욱 풍요로워진다.

책을 고르다 보면 앞부분 몇 장을 읽는 것만으로도 이 책이 나와 맞지 않다는 느낌을 받을 때가 있다. 억지로 인내하며 끝까지 볼 필요는 없다. 부담 없이 책갈피를 꽂아두고 나중에 다시 펼쳐 보면 된다. 마치 맛없는 안주가 나왔는데 억지로 다 먹고 후회하는 것보다 남기는 것이 낫듯이 말이다. 10권의 책을 읽고서 그중 7권 정도가 만족스러웠다면 그것으로 충분하다.

책을 통해 재미있게 읽었던 이야기가 영화로 만들어졌을 때 큰 기대감을 가지고 관람하면 종종 실망한다. 이는 우리의 상상력은 무한한 반면, 영화는 제한적인 기술과 예산으로 제작되기 때문이다. 과거에 정말 재미있게 읽었던 《쥬라기 공원》이라는 소설이 아무리 스티븐 스필버그라는 거장을 통해 영화로 재탄생되었다고 해도, 내 상상 속의 생생한 공룡들의 모습에는 미치지 못한다. 이처럼 독서는 우리의 상상력을 무한대로 확장해 주는 강력한 힘을 지닌다. 책을 통해 자신만의 영화를 마음껏 펼쳐보는 건 어떨까?

책과 더 가까워지는 독서습관 만들기

빌려온 책이 아니라면 부담 없이 밑줄을 긋고 형광펜으로 중요한 부분을 표시하며 자유롭게 자신의 생각을 쓰면서 읽자. 나중에 중요한 부분을 표시하며 자유롭게 읽자. 정말 좋은 책이라면 소장하여 언제든 다시 펼쳐보는 즐거움을 누리는 것이 훨씬 가치 있는 일이다. 빌려온 책이 마음에 든다면 주저 없이 구매하여 자신만의 책으로 만들자.

책을 읽을 때 많은 내용을 빨리 훑어보려고 애쓰지 마라. 한 권의 책에서 단 하나의 의미 있는 구절이나 문장을 발견하는 것으로 충분하다. 그 한 문장이 당신의 생각에 깊은 울림을 주고 삶의 방향에 적지 않은 변화를 줄 수 있다.

때로는 독서하는 자세를 바꿔보는 것도 좋다. 잠시 일어나 서서 책을 읽어보자. 놀랍게도 집중력이 높아지는 것을 느낄 수 있다. 허리를 숙이지 않게 되어 바른 자세 유지에도 도움이 된다. 짧은 시간 동안 기다려야 할 때 서서 책을 읽는 것은 지루함을 달래고 시간을 효율적으로 활용하는 좋은 방법이다. 중요한 건, 언제 어디서든 책을 펼쳐볼 수 있게끔 휴대하는 습관이다. 자투리 시간을 활용하여 책과 더 가까워지자. 책을 통해 자신만의 영화를 펼쳐보는 건 어떨까?

2장

공부의 '틀'을 깨다

다르게 하면,
진짜 다르게 된다?

"보통 공부는 교과서를 먼저 본 후 문제집은 나중에 푸는 거 아닌가요?"

누가 이렇게 묻는다면 아마 대부분 고개를 끄덕일 것이다. 나도 그랬다. 늘 교과서부터 봤고, 열심히 외우고 이해한 다음에 문제집을 풀면서 '내가 잘했나 못했나'를 확인했다. 하루는 우연히 문제집부터 먼저 본 적이 있었다. 그냥 가볍게 풀어보려는 생각으로 넘겨봤는데 신기하게도 어디가 중요하고 무엇을 외워야 할지가 눈에 쏙 들어왔다.

'어, 이게 이렇게 나오는 거였어?'
'여기는 굳이 외울 필요가 없겠네!'
'이 부분이 자주 나오는구나.'

그제야 교과서가 '제대로' 보였다. 마치 안개 속에 있던 길이 또렷하게 드러나는 느낌이랄까? 그때 깨달았다. 순서 하나 바꿨을 뿐인데 공부가 훨씬 쉬워졌단 것을. 이게 바로 역발상이 주는 힘이다.

일상에서의 역발상

메모도 마찬가지다. "메모는 왜 하세요?" 이 질문에 많은 분들이 이렇게 답한다. "잊지 않으려고요." 틀린 답은 아니다. 하지만 나는 조금 다르게 생각한다. 난 메모를 '잊기 위해' 한다. 머릿속을 가득 채우지 않고 메모장에 맡기기 위해. 이건 20점짜리 답이다.

진짜 좋은 메모는 뭘까? 다시 꺼내 볼 수 있는 메모다. 그것도 1분 안에, 아니 10초 만에 찾아볼 수 있는 메모 말이다. 그게 바로 100점짜리 메모다. 꼼꼼하게 썼다고 해서 좋은 메모가 아니다. 필요할 때 제때 꺼내 쓰지 못하면 아무리 좋은 내용도 무용지물이다. 예전에 어떤 일본 스튜어디스가 이런 말을 했다.

"일등석 손님들은 절대 펜을 빌리지 않아요."

그 말이 참 인상 깊었다. 그들은 메모의 가치를 제대로 알고 있는 사람들이라는 생각이 들었다.

계획도 거꾸로 세워보면 어떨까? 한번은 군대에서 배웠다는 내용을 들은 적이 있다. 일부 장교들은 계획을 '역순'으로 세운다는 것이다. 예를 들어, "0시에 출발해서 12시에 도착하라."라는 명령이 떨어지면 우리는 보통 1시, 2시, 3시… 이런 식으로 올라가며 계획을 세운다. 그런데 그들은 거꾸로 내려간다. 12시에 목적지 도착, 11시에는 어디쯤, 10시에는 조금 더 전진한 어디… 이렇게 시간을 거꾸로 계산하는 것이다. 그러다 보면 '지금 어디에 있어야 하는지'가 더욱 명확해진다.

이 방법을 공부에 적용해 볼 수 있다. 예를 들어, "토요일까지 이걸 끝내야 해!"라고 목표를 정했다면 금요일엔 어디까지, 목요일엔 어디까지… 그럼 오늘은 뭘 해야 할지가 자연스럽게 정해진다. 한 가지 팁을 주자면 일요일은 계획에서 살짝 빼보자. 예배도 드려야 하고 마음도 쉬어야 일이 더 잘 풀리는 법이니까.

돈도 거꾸로 모아보자! 이건 공부 이야기는 아니지만 돈을 모을 때도 마찬가지이다. 예를 들어, 3년 안에 1억을 모으고 싶다면 2년 안에 7천만 원, 1년 안에 5천만 원, 6개월 안엔 3천만 원… 이런 식으로 거꾸로 목표를 잡아야 지금 무엇을 해야 할지가 보인다.

마지막으로 퀴즈 하나!

> **메모를 잘하는 방법은?**
> ① 아무 종이에 적는다.
> ② 포스트잇에 적어 분류한다.
> ③ 휴대폰 사진으로 찍고 해시태그를 많이 넣는다.

정답은 뭘까? 사실 정답은 없다. 가장 쉽게 찾아볼 수 있는 방식이 나만의 정답이다. 모든 걸 다르게 하라는 건 아니다. 단 하나라도 생각의 순서를 바꿔보면 새로운 길이 열릴 수 있다는 거다. 역발상에서 시작하는 작은 다름이 우리 자녀의 인생을 특별하게 만들어 줄 수 있다.

공부를 그림처럼, 그리고 이야기처럼

"공부, 어떻게 시작하느냐가 중요하잖아요. 어떻게 시작하세요?" 누군가 나에게 물었다. 나는 조용히 말했다. "음… 일단 문제집부터 한 번 넘겨보세요." 그랬더니 그분이 고개를 갸웃하며 물었다. "교과서부터 봐야 하는 거 아닌가요? 문제집부터 보면 좀 이상하지 않나요?" 이해한다. 나도 처음엔 그랬다. 신기하게도 문제집부터 보면 '어디가 중요한지'가 보이기 시작한다. 문제가 어디서 나오는지 알면, 교과서를 볼 때 집중해서 봐야 할 곳이 보인다.

공부를 그림처럼,
그리고 이야기처럼

나는 마인드맵을 좋아한다. 중요한 내용을 그림처럼 가지치기하면서 정리해 두면 시험 전 그 마인드맵 하나만 펼쳐봐도 머릿속이 착착 정리된다. 왜 그럴까? 마인드맵을 만들 땐 정말 집중한다. 무엇을 쓸까, 어떻게 정리할까를 생각하고 또 생각하면서 쓰다 보면 자연스럽게 외워진다.

공부할 땐 조급해지지 않는 게 중요하다. 마음을 급하게 먹으면 아는 것도 기억나질 않는다. 공부는 했는데 머릿속이 하얘지는 느낌, 정말 속상하다. 시험 전에 크게 숨을 들이마셔 보자. 호흡을 가다듬으면 심장도, 머릿속도 조금은 차분해진다.

수학은 또 조금 다르다. 가끔은 거꾸로 생각하는 게 도움이 된다. 답이 1이나 0, -1처럼 딱 보이는 숫자일 땐 식부터 푸는 게 아니라 그 숫자들을 넣어보면 의외로 쉽게 답이 나오기도 한다. 몇 문제라도 그렇게 풀리면 '오! 시간 벌었다' 싶고, 그게 곧 자신감으로 이어진다.

결국 공부는 '많이 하는 사람'보다 '잘 정리하고 순서를 아는 사람'이 덜 지치고 더 오래 할 수 있다. 무조건 열심히 하는 것보단, 가볍고 요령 있게 하면서 꾸준히 반복해야 오래갈 수 있다.

오늘도 공부를 시작하기 전에 먼저 물어보자. "먼저 뭘 봐야 할까? 전체를 어떻게 그려볼까? 이걸 한 장으로 정리한다면 어떤 그림이 될까?" 그렇게 공부를 그림처럼, 그리고 이야기처럼 해보는 것이다. 그러면 어느 순간, 공부가 쉬워지면서 조금씩 즐거워진다.

머릿속 정리정돈,
공부의 시작은 여기서부터

"보긴 봤는데… 어디 있었지?"

시험장에서 문제를 보고 이렇게 속삭여본 적 있는가? 사실 공부를 잘한다는 건 머릿속에서 정보를 빨리 꺼낼 수 있는 사람이라는 뜻이다. 많이 아는 것도 중요하지만 빨리 찾아내는 능력이 더 중요하다. 마치 서랍장이 잘 정돈된 집처럼 내 머릿속도 깔끔하게 정리되어 있다면 필요한 지식을 꺼내는 데 시간이 덜 걸린다. 이게 바로 머릿속 정리정돈의 힘이다.

메모가 잘 되어 있어도 머릿속이 엉켜 있으면? 메모장을 아무리 잘 써놨어도 시험 볼 때 메모장을 들고 갈 수는 없지 않은가. 결국 기억은 내 안에서 꺼내야 하는 기술이다. 결국 중요한 건, '어떻게 기억하느냐'이다. 특히 2000년 이후에 태어난 세대는 글보다는 이미지에 더 익숙하다. 그렇다면 공부도 이미지를 활용하는 게 더 효과적이지 않을까?

마인드맵, 생각을 이미지로 그려내는 기술

여기서 등장하는 게 바로 마인드맵이다. 우리가 기억해야 할 개념들을 글 대신 그림처럼, 가지처럼 펼치는 방식이다. 예를 들어, '인체의 구조'를 공부한다면 가운데에 '인체'를 쓰고 그 주변에 뇌, 심장, 폐, 소화기관… 이런 식으로 그림처럼 펼쳐보는 것이다. 이건 단순한 정리가 아니다. 뇌가 기억하기 좋은 구조로 바꿔주는 기술이다. 놀라운 건, 이걸 배우는 데 10분이면 충분하다는 것. 몇 번만 따라 해보면 금방 익숙해지고, 심지어 업무와 일상 정리에도 큰 도움이 된다. 아이일 때 익혀두면 평생을 두고 쓸 수 있는 능력이 된다.

마인드맵이 처음엔 어려워 보일 수 있다. 그럴 땐 이렇게 연습해 보자. '우리 집'을 그려보는 것이다. 중앙쯤에 우리집, 그리고 현관-거실-부엌-화장실-안방-작은방. 이렇게만 해도 '정보가 구조화되는 느낌'을 받을 수 있다. 이게 바로 공간 기억과 연상 작용의 시작이다. 한번 배우면 공부뿐 아니라 인생 전체가 정리정돈이 되기 시작한다. 작은 정리가 큰 공부를 만든다.

"정리된 방은 마음을 편안하게 하고, 정리된 머리는 공부를 쉽게 한다."

오늘부터 메모도, 생각도, 계획도 그림처럼 구조화해 보자. 기억이 달라지고, 공부가 새로워지며, 무엇보다 아이의 자신감이 높아진다.

'알마인드맵'이라는 무료 버전 활용도 추천한다.

어려운 것도 네 조각으로
나누면 해볼 만하다

 우리나라는 숫자 4에 익숙하다. 사계절, 한 달 4주, 사자성어, 심지어 도시락 반찬도 네 칸이 많다. 그런데 이상하게도 '4' 하면 떠오르는 게 '죽을 사(死)', 괜히 억울하다. 실상 '4'는 세상을 나누고 정리하기 좋은 숫자이다. 학습에서도 이 숫자를 아주 유용하게 쓸 수 있다.

4단 분리의 마법

공부가 막막할 때 이렇게 해보자. 두꺼운 책 한 권을 마주하면 숨부터 턱 막히면서 '아, 이건 나랑 안 맞아…'라고 생각한다. 그럴 땐 그냥 네 개로 나눠보자. 예를 들어, '입문-초급-중급-고급' 이렇게 나누면 '어디서부터 시작하지?'라는 고민이 사라지고, 한 단계씩 오르는 느낌이 든다. 계단을 올라가는 것처럼 말이다.

기초를 강조하는 이유는 '쉬워서'가 아니라 '중요해서'이다. 입문이나 기초 단계는 종종 대충 보고 지나간다. '아, 이건 알겠어.' 하면서 말이다. 기초는 쉬워서 기초가 아니다. 중요해서 기초이다. 기초가 단단하지 않으면 그 위에 아무리 지식을 쌓아도 무너질 수밖에 없다.

'왜?'
'정확한 의미가 뭐지?'
'이게 어디에 쓰이지?'

입문 단계에서는 이런 질문을 하면서 충분한 시간을 들여 완전히 '내 것'으로 만들어야 한다.

더 잘게 나누면 겁이 줄어든다. 아무리 어려운 내용이라도 먼저 4등분 하고, 그중 하나를 다시 4등분, 또 그걸 4등분 하면 어느 순간 '아! 이 정도면 해볼 만하겠는데?' 싶은 시점이 온다. '분리'는 두려움을 줄이는 첫걸음이다. 한꺼번에 다 먹으려다 체하지 말고 조각조각 나눠서 천천히 음미해 가자.

책도 잘라서 들고 다니면 더 쉽다. 두꺼운 책을 보면 내용도, 가방도, 심지어 마음까지 무거워지지 않은가? 그럴 땐 용기 내어 책을 4등분 해보자. 물리적으로 말이다. 한 권을 더 구입한 후 잘라서 네 권으로 나눠 들고 다니는 것이다. 책값은 두 배가 될지언정 효과는 네 배 이상이다. 그건 손해가 아니라 투자이다.

어렵게 보이는 건, 크기 때문이다. 어렵다고 느끼는 건, 한 번에 다 보려고 하기 때문이다. 4등분 하면 해볼 만해지고, 재미있어지고, 어느새 익숙해진다. 공부도, 계획도, 인생도 네 조각으로 나누면 더 쉬워진다.

어휘력이 곧 경쟁력이다

 어휘력은 세상을 꿰뚫어 보는 안경이다. 같은 수업을 듣고도, 같은 책을 읽고도, 어떤 사람은 깊이 이해하고 어떤 사람은 그냥 지나쳐버린다. 이 차이가 뭘까? 바로 '어휘력'이다.
 우리말의 80%는 한자어이다. 그래서 한자를 알면 그 말이 가진 '결'이 보이면서, 단어가 단순한 기호가 아닌 이야기를 담은 그릇처럼 느껴진다.

 손오공이 들고 다니던 여의봉과 여의봉을 물고 있는 용의 여의

주. 무슨 뜻인지 아는가? '여의'는 如意. 같을 여(如), 뜻 의(意). '뜻대로 된다'는 의미다. 손오공이 맘대로 길이를 늘이고 줄였던 그 봉도, 죽은 자도 살릴 수 있다는 전설의 구슬도 모두 '내 뜻대로 되는 것'이다. 누군가 이렇게 인사했다. "요즘 생활이 여의치 않으시지요?" 그건 "요즘 일이 마음먹은 대로 안 되시죠?"라는 깊은 배려의 말이다.

한자를 알면
단어가 그림처럼 보인다

물론 억지로 외우면 재미없다. 나는 '뉘앙스 한자'라는 방식을 쓴다. 예를 들어, '내 천(川)'은 작은 시냇물이 졸졸 흐르는 모습에서 왔다. 이 '천'이 들어간 단어들은 어떤 의미를 가질까?

- 훈(訓) : 훈장님이 말하니 학생들이 따라 읽는 것 → 가르칠 훈
- 순(順) : 물처럼 윗사람의 말을 따라가는 것 → 순리, 도덕
- 순(馴) : 말을 길들여 따르게 하는 것 → 순하다, 순응

억지로 외우지 않아도 느낌을 알면 머릿속에 남는다. 이건 단순한 암기가 아니라 이미지와 이야기로 각인되는 어휘력 훈련이다.

한자를 왜 공부해야 할까? 그건 많은 과목의 기초가 결국 한자이기 때문이다. 국어는 물론이고 수학, 과학, 사회에도 한자어가 가득하다. 뜻을 알고 읽기만 해도 문장이 다르게 다가오고 공부가 수월해지기 시작한다.

'어휘력'이란 단순히 어려운 단어를 많이 아는 게 아니다. 문장을 제대로 이해하고 세상을 정확히 읽어내는 힘이다. 이 어휘력은 시간이 없다고 포기할 게 아니다. 재미있게 접근하면 얼마든지 키울 수 있다. 하나의 단어가 하나의 세상을 보여줄 수 있다는 걸 한자에서 배운다.

한국 한자

한자, 이제는 우리나라의 글이다. 외국에서 들어온 음식도 시간이 지나면 우리 것이 된다. 새우는 6주가 지나면 '국산 새우'가 된다. 송아지는 6개월만 지나도 '국산 소'로 불린다. 한자는 2천 년을 넘게 써오고 있다. 그렇다면 한자 역시 '우리 글자'라고 불러도 되지 않을까?

예전엔 '중국 글자니까 멀리해야지'라는 인식이 있었다. 하지만 지금 우리가 쓰는 한자는 중국에서 쓰는 한자와 많이 다르다. 한국에서는 한국식 독음, 한국식 조합, 한국식 용례로 자연스럽게 '한국 한자'로 변형되어 왔다. 이쯤 되면 이건 차용된 문화가 아니라 정착된 문화다.

北斗七星(북두칠성). 어릴 때 하늘을 올려다보며 가장 또렷하게 빛나던 별자리다. 근데 그 가운데 '두(斗)'란 글자가 왜 들어갔을까? '두(斗)'는 원래 '되'라는 뜻이다. 곡식을 푸는 '되', 측정의 기준이 되는 '되'. 북두칠성의 별 모양을 보면 작은 국자 모양처럼 생겼다. 하늘에서 '곡식을 푸는 되'처럼 생긴 별자리, 그래서 '북두'라는 이름이 붙은 것이다. 한자 하나가 그림처럼, 이야기처럼 우주의 풍경까지 담고 있다는 게 신기하지 않은가?

**한자를 배우면
문화의 지도가 보인다**

한자는 단순한 외래 문자가 아니다. 문화의 지도이자 시간의 기록이다. 우리말 곳곳에 스며있는 한자를 단순히 '한자 = 중국 것'이라고 생각하면 우리 언어의 상당수를 잃어버리는 셈이 된다.

이제는 '한국 한자'라고 해야 하지 않을까? 2천 년을 넘게 쓰고 있고 지금도 국어책에, 간판에, 일상에 살아 있는 글자. 그건 우리 것이 맞다. 다시 친해질 때이다. 한자는 더 이상 낯선 존재가 아니다. 우리말을 더 잘 이해하기 위해 우리 아이들에게 더 정확히 가르치기 위해 우리는 이 '한국 한자'를 다시 마주해야 한다.

외우려 하지 말고 그 안의 이야기와 의미를 느껴보자. 한 글자가 별을 담고, 바람을 품고, 사람의 마음까지 그려낼 수 있다는 걸 알게 될 테니.

만약 수학이 재밌을 수 있다면

"수학은 좀… 어려워요." 많은 아이들이 이렇게 말한다. 실은 나도 그랬다. 그래서 내 아이가 수학을 힘들어하면, '아, 나도 그랬지…' 하며 괜히 마음이 무거워졌다. 하지만 어느 날, 그 생각이 바뀌었다.

수학도 '이해'가 먼저다. 수학은 암기보다 개념이 먼저인 과목이다. 그 개념이 '자연스럽게 익숙해지도록' 도와줘야 한다. 5살 꼬마에게 이렇게 물었다.

"1,000 더하기 1,000이 뭐야?"

"모르겠어요. 어려워요."

"그럼 1,000원 더하기 1,000원은?"

"아저씨 바보야! 2,000원이잖아요!"

귀엽지 않은가? '천 단위 덧셈'이 아이에게 어렵지만 돈은 익숙하다는 증거다.

보수 놀이

개념 있는 아이는 수가 보인다.

"1,002 + 998은 얼마일까?"

조금 어려워 보이지만 아이들은 생각보다 잘 푼다.

"음… 2,000이요!"

이렇게 자연스럽게 보완 관계를 떠올릴 수 있는 아이는 곧 암산의 달인이 된다.

$$230 + 777 = 230 + 770 + 7 = 1,007$$
$$235 + 777 = 5 + 230 + 770 + 7 = 1,012$$

"이게 뭐 어렵다고요"라고 할 수 있지만 이걸 익숙하게 하는 게 관건이다.

수학은 '보수 놀이'로 시작하자. 보수란 10을 만드는 친구 숫자이다.

1의 보수는 9

2의 보수는 8

3의 보수는 7

이걸 이해하면 덧셈이 훨씬 빨라진다.

3 + 7 + 5 → (3 + 7 = 10) + 5 → 10 + 5 = 15

조금만 익숙해지면,

8 + 7 + 5도 → 8을 3 + 5로 쪼개어
→ (3 + 7 + 5 = 15) + 5 = 15 + 5 = 20

아이들은 이런 식으로 마법처럼 수를 조립해 내기 시작한다. 지나가는 자동차번호판을 가지고 연습을 해보자. 반복하면서 익숙해져야 한다. 아이들은 지루하면 안 한다. 그래서 차 안에서 번호

판으로 더하기 게임, 보수 찾기 카드놀이, 누가 암산을 더 빨리하는지 등 놀이를 통해 익숙해지는 수학이 되어야 한다.

    수학도 결국은 '즐거움'이다. 수학이 괴롭기만 하다면 누가 수학을 좋아할까. "수학은 재미있어.", "이건 퍼즐 맞추기야.", "숫자 친구들끼리 짝짓기 놀이하는 거야!" 이런 식으로 수학을 경험하게 해보자. 처음에는 다소 느리더라도 곧 부모보다 더 빠르게, 더 자유롭게 숫자를 가지고 놀게 될 것이다.

    수학은 아이에게 맞는 작은 열쇠 하나만 찾아주면 생각보다 더 재미있어진다. 그 열쇠는 바로 '놀이'와 '익숙함' 속에 숨어 있다.

역발상과 창의성의 상관관계

우리는 내 아이가 남들과 다른 독창적인 생각을 하는 사람으로 자라나기를 소망한다. 하지만 현실에서는 부모 스스로가 획일화된 교육 방식에 익숙해져 아이의 창의성을 오히려 제한하는 경우가 많다. 과거 산업 사회에서는 사회의 부품으로서 톱니바퀴처럼 움직이는 인재를 요구했지만, 요즘은 아이디어가 참신하고 융합적인 사고를 하는 창의적인 인재를 필요로 한다.

반대말 찾기

그렇다면 '창의(創意)'란 무엇일까? 창의적인 사람이 되라고, 창의적으로 생각하라고 쉽게 말하지만, 오랫동안 익숙해진 사고방식에서 벗어나는 건 결코 쉽지 않다. 특히 정해진 공식만 암기하고 적용하는 것을 '우수함'이라고 여겨온 우리 기성세대에겐 더욱 어려운 숙제일 수 있다. 어쩌면 우리는 창의라는 단어가 나와는 거리가 먼, 특별한 재능을 가진 사람만의 능력이라고 생각하며 지내왔는지 모른다.

이솝 우화에 나오는 여우 이야기를 떠올려 보자. 우화 속 여우는 너무 높이 달려 있어 먹을 수 없는 포도를 보며 '저 포도는 아직 익지 않아서 분명 신맛이 날 거야.'라고 스스로를 합리화하며 포기하고 돌아선다. 창의적인 여우라면 어땠을까? 아마 주변에서 돌을 찾아 딛고 올라가 포도를 따 먹었을 것이다. 이처럼 주변에 있는 것을 활용하여 문제를 해결하고, 새로운 관점으로 접근하는 것이 창의적인 사고의 시작점이라 할 수 있다.

좀 더 쉽게 창의성에 다가가는 방법이 있다. 바로 '반대말 찾기'다. 성공한 사람들이나 창의적인 사람들은 정말 특별한 재능을 가지고 태어난 것일까? 절대 그렇지 않다. 그들은 우리와 크게 다르지 않다. 다만 그들은 일반적인 사람들과는 조금 다른 사고 패턴을 가지고 있는데 그것이 바로 '역발상', 즉 '거꾸로 또는 반대로 생각하기'다.

오랫동안 굳어진 자신만의 정의나 생각을 부정하는 것은 쉽지 않다. 우선은 '나와 다른 방식이나 생각이 존재할 수 있구나.'라며 열린 마음으로 받아들이는 연습부터 해보자. '아, 그럴 수도 있겠네, 재미있고 신선한데?'라고 느껴지는 부분이 있다면 조금씩 자신의 생각이나 행동에 적용해 보는 것이다.

간단한 연습을 한번 해보겠다. 산토끼의 반대말은 무엇일까? 초등학생이나 유치원생에게 나올 법한 질문이지만 잠시 멈춰서 생각해 보자. 대부분 집토끼라는 답을 먼저 떠올릴 것이다. 하지만 어린아이들의 대답은 훨씬 다양하다. 바다토끼, 죽은 토끼, 판토끼, 알칼리 토끼, 심지어 끼토산까지. 엉뚱하고 재미있는 답들이 쏟아져 나온다. 이는 우리가 흔히 알고 있는 '산'이라는 단어의 의미에 얽매이지 않고 자유롭게 상상력을 발휘하기 때문이다.

우리말은 하나의 글자가 다양한 의미를 가질 수 있기에 때로는 앞뒤 문맥이 없으면 정확한 뜻을 파악하기 어렵다. 따라서 산토끼의 반대말이 꼭 집토끼 하나라고 단정할 필요는 없다. 다양한 분야에 종사했거나 사전 지식이 풍부한 사람은 보다 다채로운 답을 내놓을 것이다.

역발상과 창의적 사고

새로운 제품이나 아이디어를 떠올리는 것은 결코 쉬운 일이 아니다. 이럴 때 기존 제품이나 아이디어에 대해 떠오르는 단어들의 반대말을 하나씩 적어 보는 연습을 해보자. 그중에서 의미 있는 것을 발전시키는 것이 훨씬 수월하다.

박성연 작가의 저서 《킬러 씽킹》에서는 피자에 대한 개선 아이디어 발상 방법을 소개한다. 먼저 피자라는 기본적인 아이템에 대해 질문을 던져본다. "어떤 변화를 줄 수 있을까? 어떻게 개선할 수 있을까?" 그리고 피자의 기본적인 요소들에 대해 반대되는 개념을 떠올리는 것이다. 동그란 피자 모양을 네모나 직사각형으로 바꿔보는 것은 어떨까? 피자와 으레 함께 마시는 콜라 대신 시원한 동치미나 비알코올 막걸리를 제공하면 어떨까? 이처럼 기존 고정관념에 반대되는 생각을 시도하는 것이 창의적인 아이디어의 시작이자 개선의 출발점이다.

토핑을 피자 위에 올리는 대신, 만두처럼 속으로 채워 넣으면 먹을 때 흘리는 불편함을 줄일 수 있지 않을까? 한 가지 맛이 아닌 두 가지 맛을 동시에 즐길 수 있는 피자는 어떨까? 피자를 먹을 때 맛없는 꽁지 빵이 남겨지는 경우가 많으니 꽁지까지 맛있게 먹는 방법은 없을까?

처음부터 번뜩이는 아이디어가 떠오르지 않아도 괜찮다. 억지스럽고 엉뚱해 보이는 아이디어라도 좋다. 반대말 찾기 연습 단계를 꾸준히 거치다 보면 놀라운 결론에 도달하게 된다. 마치 "원숭이 엉덩이는 빨개, 빨간 건 사과, 사과는 맛있어, 맛있으면 바나나…" 노래처럼 처음과 끝만 보면 전혀 연관성이 없는 듯하지만, 단계별 변화 속에는 연결고리가 존재한다. 10개의 반대말을 찾는 과정에서 2~3개 정도 실현 가능한 아이디어를 얻을 수 있다면, 이는 상당한 수준의 창의성이 발휘된 경우라 할 것이다.

창의적인 사고는 작은 시도에서 시작된다. 일상생활에서 불편

하거나 개선이 필요한 것에 대해 불만을 가져보고, 왜 그래야만 하는지 끊임없이 질문해 보자. 엉뚱하고 기발한 질문을 던지는 것을 두려워하지 말자. 전혀 어울리지 않는 두 가지 이상의 아이디어를 결합하면 새로운 가능성이 열릴 수 있다. 기다리는 자투리 시간을 활용하여 머릿속으로 다양한 생각을 펼쳐보자. 시간도 금방 가고 연습이 쌓이면 생각하는 즐거움도 느낄 수 있다.

수학의 숨겨진 재미, 곱셈 보수

앞서 덧셈 보수를 통해 10을 만드는 짝꿍 숫자를 알아보았다. 이번에는 곱셈에서 특별한 관계를 맺는 곱셈 보수를 탐험하며 수학의 또 다른 재미를 느껴보자. 곱셈 보수는 곱해서 1, 10, 100과 같이 깔끔한 숫자를 만들어 주는 짝꿍 숫자를 의미한다.

곱셈 보수로 수학과 친해지기

1. 원리 이해하기 : 하나의 전체를 나누고 곱하기

커다란 사각형 하나를 1이라는 온전한 단위로 생각해 보자. 이 사각형을 정확히 반으로 자르면 1/2이 되고, 다시 그 반을 자르면 1/4, 한 번 더 반으로 나누면 1/8이 된다. 흥미로운 점은 이 분수들에 각각 자신의 분모와 같은 수를 곱하면 다시 1이라는 온전한 단위로 돌아온다는 거다.

2 x 1/2 = 1
4 x 1/4 = 1
8 x 1/8 = 1

여기까지는 쉽게 이해할 수 있다.

2. 분수를 소수로 표현하고 곱셈 보수 발견하기

이번에는 이 분수들을 소수로 표현해 보겠다.

1/2 = 0.5
1/4 = 0.25

1/8 = 0.125

신기하게도 분모가 2배씩 커질 때마다 소수 부분은 이전값에 5를 곱한 형태를 띤다. 이제 앞서 1을 만드는 곱셈에 이 소수들을 적용해 보겠다.

2 x 1/2 = 2 x 0.5 = 1
4 x 1/4 = 4 x 0.25 = 1
8 x 1/8 = 8 x 0.125 = 1

여기서 중요한 곱셈 보수 짝꿍이 등장한다. 2와 0.5, 4와 0.25, 8과 0.125는 곱해서 1을 만들어 주는 친한 친구 같은 관계이다. 덧셈 보수에서 2를 보면 8이 떠올랐듯이, 곱셈 보수에서는 125를 보면 8이 자연스럽게 연상되어야 한다. 이 곱셈 보수 관계를 10, 100, 1000을 만드는 곱셈으로 확장해 보면 더욱 흥미롭다.

2 x 5 = 10
4 x 25 = 100
8 x 125 = 1,000

3. 실전 문제에 곱셈 보수 적용해 보기

자 이제 조금 더 응용된 문제를 한번 풀어보겠다.

"25의 16%는 얼마인가?"

'어휴… 내가 계산기야? 이걸 암산하라고?'라고 생각할 수 있다. 아직 곱셈 보수 개념이 익숙하지 않아서 그렇게 느껴지는 것뿐이다. 곱셈 보수를 활용하면 이 문제도 암산으로 충분히 풀 수 있다.

여기 마법 같은 풀이 비법이 있다. 25에 4를 곱하면 100이 된다. 4를 곱해줬으니 뒤에서는 4로 나누어 준다. 16%를 4로 나누면 4%가 된다. 어느새 100의 4%를 계산하는 쉬운 문제로 바뀌었다. 정답은 4이다.(100과 %는 서로 상쇄되는 개념이다)

글로 설명하니 다소 복잡하게 느껴질 수 있지만 직접 해보면 그 단순함과 재미에 놀란다. 이 곱셈 보수의 원리를 터득하면 수학이 딱딱하고 지루한 과목이 아닌, 흥미롭고 즐거운 퍼즐 풀이처럼 느껴질 것이다.

3장

결국 아이를 바꾸는 건, 부모의 태도다

아이 인생의 첫 번째 스승

"비 오니까 우산 가지고 가."

이 말은 참 다정해 보인다. 이 말보다 아이에게 더 도움이 되는 말이 있다면 무엇일까?

"밖에 비 오네."

'어? 더 딱딱하고 정이 없어 보이는데?'라고 생각할 것이다. 그러나 이 말을 들은 아이는 다음 행동을 스스로 생각하고 선택하게 된다. 이 작은 차이가 사고력의 차이로 나타난다.

부모는 아이 인생의 첫 번째 스승이다

아이에게 결론을 주지 말고 생각할 기회를 주자. "책 다 읽었어?" 이 질문은 '예 또는 아니오'로 끝나는 질문이다.

"주인공은 어땠어?"

"어느 부분이 제일 재미있었어?"

"네가 작가라면 어떻게 결말을 바꿀래?"

이런 질문은 아이의 생각을 꺼내게 만드는 열린 질문이다. 대화가 이어지고, 이해가 자라고, 자신만의 해석이 형성된다.

"몇 등 했어?", "누구는 몇 점인데 넌 뭐야?" 이런 말은 아이를 자꾸 비교의 사다리로 끌어올린다. 처음엔 자극이 될지 몰라도 결국 마음의 상처로 남는다.

"오늘 친구를 도와준 일 있어?"

"누가 너한테 고마워했어?"

"같이 웃을 일이 있었어?"

함께 사는 세상, 함께 자라는 마음을 부모가 보여준다면 아이는 더 잘 배울 수 있다.

익숙해질 때까지 기다려 주자. 안다는 건 머리로 이해하는 것에서 끝나지 않는다. 진짜 '안다'는 건 몸이 기억하는 상태까지 가는 것이다. 한 단어 외웠다고, 수학 문제 몇 개 풀었다고 그게 실력이 아니다. 이해가 익숙함으로, 익숙함이 습관으로, 습관이 삶이 될 때까지 부모는 기다려줘야 한다. 급함은 내려놓고 질문으로 열어주자.

"뭐 해? 빨리 와!" 이런 말 대신,

"뭐 하고 있었어? 무슨 재미난 게 있었어?"

"지금 네 마음은 어때?"

아이의 세계로 들어가는 질문을 하자. 부모가 조급해하지 않으면 아이의 마음은 열린다. 그러다 보면 부모보다 더 빨리, 더 멀리 달리는 날이 온다.

부모는 아이에게 모든 걸 가르치려 애쓰는 사람이 아니다. 아이의 대답을 기다리고, 아이의 생각을 들어주는 사람이어야 한다. 이런 부모야말로 아이 인생의 진짜 스승이다.

관점 바꾸기 연습

 살면서 우리는 수많은 일들을 경험한다. 기쁘고 즐거운 일도 있지만, 때로는 슬프고 힘든 일도 있다. 신기하게도 어떤 결과든 두 가지 측면을 모두 가지고 있다. '새옹지마'라는 사자성어가 있듯 좋다고 마냥 좋은 것이 아니고, 나쁘다고 온통 나쁜 것만도 아니다. 결국 우리가 어떤 마음으로 그 상황을 받아들이느냐가 중요하다.
 이미 벌어진 일이나 현재 상황 자체를 당장 바꿀 수는 없을지 모른다. 분명한 것은 우리가 그 상황을 해석하고 받아들이는 태도는 얼마든지 바꿀 수 있다. 마치 텅 빈 잔을 보며 "물이 이것밖에 안 남았네."라고 아쉬워할 수도 있지만, "물이 반이나 남았네."라며 감탄할 수도 있는 것처럼 말이다.

관점을 조금만 바꿔도

부족한 것에 계속 집중하다 보면 불행감만 커진다. 이미 자신이 가지고 있는 것에 집중할 때 비로소 행복을 느낄 수 있다. 많은 사람들이 "나는 ~이 없어서, ~을 못 해서 불행해."라고 말한다. 안타까운 건 분명히 가지고 있음에도 그 가치를 깨닫지 못해 불행한 경우이다. 없는 것을 안타까워하기보다 이미 가진 것을 활용하여 얼마든지 더 나은 길을 찾을 수 있다. 속담에 "이가 없으면 잇몸으로 산다."라는 말처럼 우리에게 주어진 조건과 환경에서 최선을 찾는 지혜가 필요하다.

특히 아이들이 힘들어하거나 속상해할 때 어른의 역할은 그들의 관점을 부드럽게 바꿔주는 것이다. "오늘은 속상했지만 내일은 분명 더 좋은 일이 있을 거야."처럼 희망을 주는 말은 아이들이 어려움을 이겨낼 수 있는 용기를 준다.

어느 가정의 둘째 딸이 어린 시절 발이 크다는 이유로 속상해했다. 그의 아빠는 아이의 마음을 달래기 위해 "발이 먼저 크고 그 다음에 키가 크는 거야."라는 순수한 거짓말을 했다. 아이는 그 말을 듣고 기뻐했다. 늘 언니보다 작아 옷을 물려 입는 것에 불만이 많았던 아이가 언젠가 자신의 옷을 언니에게 물려줄 수 있다는 기대감을 가진 것이다. 신기하게도 그 후 아이는 정말로 키가 크게 자랐다.

이처럼 우리의 뇌는 관점을 조금만 바꿔도 크게 영향을 받는다. '플라시보 효과'처럼 효과 없는 가짜 약이라도 진짜 약이라고 믿고 먹으면 실제로 병이 낫는 경우가 있다. 이는 우리의 마음이 얼마나 강력한 힘을 가지고 있는지 보여주는 단적인 예이다.

진실만이 능사가 아니다. 상대방에게 긍정적인 에너지를 주고 관계를 부드럽게 만드는 '하얀 거짓말'이 때로는 필요하다. "오늘 정말 멋지신데요!", "오늘따라 더 아름답네요. 무슨 좋은 일 있어요?" 또는 "대표님, 넥타이가 멋지게 잘 어울리십니다!"와 같은 칭찬은 듣는 사람을 기분 좋게 만든다. 이때 단순히 물건을 칭찬하는 것보다 상대방의 노력이나 능력, 센스를 칭찬하는 것이 훨씬 더 큰 효과적이다. "대표님, 넥타이 고르시는 안목이 뛰어나시네요. 혹시 평소 패션에 관심이 많으신가요?"와 같이 구체적인 칭찬은 상대방에게 깊은 인상을 남기고 긍정적인 관계를 형성하는 데 도움을 준다.

우리가 통제할 수 없는 외부적인 요인에 집중하면 불평과 불만만 늘어난다. '비가 와서 야외 활동을 못 하게 되었어.', '우리 집은 너무 좁아서 불편해.'와 같은 생각은 우리를 부정적인 감정에 갇히게 한다.

이럴 때 '비가 오니 집에서 맛있는 음식을 해 먹으며 즐거운 시간을 보내자.', '우리 집이 아담한 덕분에 우리 가족이 더욱 가깝게 지낼 수 있고 청소하기도 편리하잖아.'와 같이 긍정적인 측면을 찾는 연습이 필요하다.

반대로 우리가 스스로 선택하고 변화시킬 수 있는 것에 집중하면 문제 해결 능력을 키우고 긍정적인 변화를 만들어 낼 수 있다. 늙은 거지가 죽으면서 자녀들에게 "나는 너희들에게 큰 유산을 남겼다!"라고 말했다. 자녀들이 의아해하자, "너희는 가진 것이 없으니 빼앗길 걱정도 없고 서로 싸울 일도 없지 않느냐!"라고 말했다. 이 이야기는 우리에게 역설적인 깨달음을 준다. 외부 환경에 불평하기보다 주어진 환경 안에서 긍정적인 의미를 찾고 스스로 할 수 있는 일에 집중하는 것이 현명한 태도다.

해야만 한다는 강압적인 표현보다는, 할 수 있다는 긍정적이며 가능성을 열어주는 표현이 좋다. "너는 무조건 공부를 해야만 해!"라는 말은 아이에게 부담감과 거부감을 줄 수 있다. 그보다는 "너는 충분히 공부를 잘 해낼 수 있어!", "너는 원하는 목표를 이룰 수 있는 능력이 있어."와 같이 아이의 잠재력을 믿고 격려하는 표현이 훨씬 효과적이다. 칭찬을 통해 아이 스스로 긍정적인 행동을 하도록 유도하는 것이다.

"지금은 조금 힘들더라도 네가 바라는 꿈의 성취를 위해 포기하지 않고 노력한다면 분명 이룰 수 있을 거야. 너는 해낼 수 있어!"와 같은 따뜻한 격려는 당신에게도 힘이 되리라 믿는다.

관점 바꾸기 연습

우리의 시선을 어디에 두느냐에 따라 삶의 방향과 만족도가 달라진다. 이제부터는 다음 세 가지에 더욱 집중해 보자.

1. 단점 대신 장점에 집중하라

자신의 부족한 점을 보완하려고 애쓰는 것은 어렵고 지친다. 그러나 이미 가지고 있는 장점을 발전시키는 것은 훨씬 쉽고 즐거운 과정이다. 자신의 강점에 집중하고 키워나갈 때 더욱 긍정적인 결과를 만들어 낼 수 있다.

2. 내면의 두려움보다 소망을 자세히 들여다보자

새로운 일을 시작하거나 도전을 앞두면 누구나 두려움을 느낀다. "잘 안될 거야.", "힘들 거야." 등 부정적인 소리가 들려올 수 있다. 그럴 때일수록 마음속 깊이 간직한 소망에 집중해 보자. 이루고 싶은 목표를 생생하게 상상하고 그 기쁨을 미리 느껴본다면, 두려움은 사라지고 설렘이 찾아올 것이다.

3. 눈앞의 이유보다 미래의 결과에 집중하라

당장의 불편함, 순간적인 창피함, 거절당할 두려움 때문에 중요한 일 앞에서 망설일 때가 있다. 그럴 때일수록 그 행동을 통해 얻을 수 있는 긍정적인 결과를 떠올려 보자. 미래의 성취감이나 만족감에 집중한다면 현재의 어려움을 극복할 용기가 샘솟을 것이다.

선택이 망설여질 땐 가능하면 어렵고 힘든 길을 택하자. 당장은 불편할 수 있지만, 시간이 흐른 뒤 후회가 덜할 가능성이 높다.

원래 그런 아이잖아

사랑하는 자녀가 때로는 우리의 기대와 다른 모습을 보일 때가 있다. 이때 억지로 아이를 변화시키려 하거나 우리의 틀에 맞추려고 하면, 오히려 갈등이 증폭되고 대화는 단절되기 쉽다.

아이의 부족한 부분을 발견했을 땐 있는 그대로 인정하자. '원래 그런 아이잖아.' 하고 받아들이면 불필요한 감정 소모 없이 대화가 가능해진다.

만약 아이가 어떤 일을 하지 않거나 잘 못한다면 비난하기 전에 먼저 이유를 물어봐 주자. 못하는 아이 스스로도 속상할 때가 많다. 부모마저 야단치면 아이는 어디에 자신의 힘든 마음을 하소연하겠는가? 아무리 내 자식이라 할지라도 내 마음처럼 움직여주지 않는다는 것을 인정해야 한다.

내 아이는 원래 잘하는 아이?

우리는 은연중에 '내 아이는 원래 잘하는 아이'라는 기대를 품고 있다. 이러한 기대를 기준으로 아이를 평가하면 잘할 때는 당연하게 여기고, 못할 때는 야단치면서 아이와의 관계는 더욱 멀어진다. 조금 부족한 부분도 아이의 본래 모습으로 인정하고 받아들여라. 그런 마음이어야 아이가 다소 못하는 모습을 보더라도 '괜찮아, 점점 나아지겠지' 하며 넘길 수 있고, 아이가 기대 이상으로 잘 해냈을 땐 진심으로 칭찬해 줄 수 있다.

    이는 사회생활에서도 마찬가지이다. 상대방을 있는 그대로 인정하면 마음의 평화가 찾아온다. 화를 내는 것은 결국 자신에게 두 번의 손해를 안기는 것과 같다. 먼저 화를 내는 사람이 싸움에서 이미 진 거다.

격한 감정이 들 때는 중요한 결정을 잠시 미루는 것이 좋다. 감정에 휩싸여 내린 결정은 후회로 이어질 가능성이 매우 높기 때문이다. 이와 관련된 징기스칸의 일화가 있다. 목마른 징기스칸이 물을 마시려 할 때마다 아끼던 매가 물그릇을 엎질렀다. 화가 난 징기스칸은 결국 매를 죽였는데, 나중에 물속에서 죽어있는 독사를 발견한다. 만약 징기스칸이 감정적으로 행동하지 않고 잠시만 더 기다렸더라면 사랑하는 매를 잃지 않았을 것이다. 이 일화처럼 분노와 같은 강한 감정에 휩싸였을 때는 잠시 멈추고 심사숙고하는 자세가 필요하다. 징기스칸은 이후로 감정적인 결정을 피했기에 역사상 가장 거대한 왕국을 건설할 수 있었다.

감정적으로 반응하는 순간

우리는 종종 자녀가 예상대로 잘하지 못하면 실망하거나 화를 내곤 한다. 그러나 이러한 반응은 아이에게 불필요한 부담을 주고, 자존감을 떨어뜨리는 결과를 초래할 수 있다. 아이를 있는 그대로 받아들이고, 부족한 부분도 아이의 일부로 인정하는 것이 중요하다. 부모가 아이를 인정할 때 아이는 더 큰 자신감을 얻고, 자신이 성장할 수 있다는 가능성을 믿게 된다. 부모의 역할은 아이의 성과에 맞춰 기대를 조절하고, 그 과정에서 아이가 스스로 성장할 수 있도록 돕는 것이다. 실수나 부족함을 학습의 기회로 삼고, 긍정적인 피드백을 주는 것이 아이에게 큰 도움이 된다.

감정적으로 반응하는 순간, 우리의 판단은 쉽게 흐려질 수 있다. 징기스칸의 일화처럼 화가 나면 순간적인 결정을 내리기 쉽고, 그 결정의 결과도 잘못될 가능성이 높다. 감정을 가라앉히고 잠시 멈추는 것만으로도 더 신중하고 현명한 선택을 할 수 있다.

아이의 성장을 이끄는
질문의 힘

아이를 학교에 보낼 때 흔히 "선생님 말씀 잘 들어라!"라고 당부한다. 유대인들은 아이들에게 "끊임없이 질문하라!"고 가르친다. 우리는 어릴 적부터 튀는 행동을 자제하고 조용히 남들처럼 따르는 것이 겸손이자 예의라고 배웠다. 모르는 것이 있어도 질문하면 무능하거나 '잘난 척'하는 듯 보일까 봐 망설였다.

진정한 성장은 적극적인 태도에서 비롯된다. 모르는 것은 반드시 질문해야 비로소 답을 얻을 수 있다. 어쩌면 우리가 믿는 신에게 간절히 기도하는 행위 또한 질문의 한 형태일 수 있다. 자신의 믿음에 질문을 던지고 그 답을 구하는 과정이다.

가장 효과적인 소통 도구, 질문

좋은 질문을 하려면 먼저 자신이 무엇을 이해하지 못하고 무엇을 모르는지 정확히 알아야 한다. 즉 메타인지가 중요하다. 메타인지를 위해서는 주의 깊게 경청하는 자세가 중요하다. 이미 알고 있는 내용이라 할지라도 혹시 잘못 이해하고 있을 수 있으므로 다시금 질문하며 확인하는 태도가 좋다. 대부분의 선생님들은 적극적인 질문을 던지는 학생들을 좋아한다. 질문은 곧 학생의 능동적인 참여와 깊이 있는 사고를 보여주는 증거이기 때문이다.

질문은 대화의 시작을 여는 열쇠이기도 하다. 활발한 대화는 오해를 줄이고 불필요한 다툼을 예방한다. 실제로 우리말은 처음 만났을 때 "안녕하세요? 잘 지내셨어요?"와 같이 질문 형태의 인사로 대화를 시작하는 경우가 많다. 질문을 받으면 자연스럽게 답변을 생각한다. 질문은 생각을 유도하는 효과적인 도구인 것이다.

부모 입장에서도 자녀와의 효과적인 소통을 위해 좋은 질문을 많이 준비하고 활용하는 연습이 필요하다. 상대방이 진정으로 이야기하고 싶어 하는 것, 자랑하고 싶어 하는 것에 대해 질문을 던져보자. 지인의 자녀가 명문 대학에 합격했다는 소식을 들었다면 "정말 대단하네요! 어떻게 그렇게 좋은 결과를 얻을 수 있었나요?", "혹시 저희 아이도 그렇게 될 수 있을까요?"와 같이 말해보자. 구체적인 질문은 상대방의 경험과 지혜를 배우는 좋은 계기가 된다.

자녀 자랑은 어느 부모나 하고 싶어 한다. 분위기와 상대방의 표정을 살피며 그들이 꺼내고 싶어 하는 얘기를 먼저 질문하는 것은 훌륭한 대화 기술이다. 이러한 질문을 통해 우리는 자연스럽게 '말을 잘하는 사람'이라는 인상도 남길 수 있다.

흔히 '말을 잘하는 것'은 '잘 듣는 것'이라고 이야기한다. 정신과 의사들은 종종 "나는 그저 환자들의 이야기를 들어주는 것뿐이다. 그러면 그들은 스스로 자신의 문제를 깨닫고 치유해 간다."라고 말한다. 경청은 상대방이 마음을 열고 스스로 답을 찾도록 돕는 강력한 힘을 갖는다.

한발 나아가 자신에게 끊임없이 질문을 던지는 연습을 해야 한다. "이것이 정말 최선일까?, 더 나은 방법은 없을까?", "내가 진정으로 원하는 것은 무엇일까?"와 같은 자기 성찰적 질문이 때론 타인에게 묻는 것보다 더 깊고 의미 있는 답을 찾아준다.

당신은 무엇을 가장 잘하냐는 질문을 받았을 때 즉시 명확하게 대답할 수 있는가? 많은 사람들이 자신의 부족한 점이나 단점에 대해서는 어렵지 않게 이야기하지만, 자신의 강점이나 잘하는 것에 대해선 머뭇거린다. 이는 우리가 평소 자신의 내면에 대해 깊이 생각하는 시간을 충분히 갖지 못했기 때문이다.

각자마다의 강점은 분명히 존재한다. 다만 우리가 찾으려는 노력을 기울이지 않았을 뿐이다. 어렵다면 먼저 자신이 좋아하는 것이 무엇인지 스스로에게 질문해 보자. 놀랍게도 우리가 진정으로 좋아하는 것이 우리가 잘하는 것일 가능성이 높다.

현명한 자기계발 전략

자신과의 대화는 결국 자신의 내면, 즉 잠재의식과의 소통이다. 많은 자기계발 서적에서 강조하는 잠재의식은 우리 안에 숨겨진 무한한 가능성을 품고 있는 또 다른 자신이다. 잠재의식을 온전히 인식하고 활용하는 것은 어려운 일이지만 스스로에게 끊임없이 질문하고 답을 구하는 과정이 어쩌면 잠재의식을 깨우는 가장 효과적인 방법일 수 있다. 혼자 있는 시간이나 이동 중이거나 기다리는 시간에 자신과의 대화를 시도해 보자. 지루함도 덜 느끼고 뜻밖의 깨달음도 얻을 수 있다.

자기계발이 자신의 단점을 보완하는 과정이라고 생각하는가? 아니다. 진정한 자기계발은 자신의 강점을 더욱 강화하고 발전시키는 것이다. 이미 90점인 강점을 100점으로 만들고 100점인 강점을 110점으로 끌어올리는 것이다.

물론 부족한 부분을 채우는 것도 중요하지만 자신이 좋아하고 잘하는 것을 더욱 발전시키는 과정은 훨씬 즐겁고 효율적이다. 조금 부족한 영어 실력은 스마트폰 번역기의 도움을 받으면 된다. 내가 잘하는 것을 더욱 발전시키는 것이 더 효과적인 자기계발 전략이다.

긍정의 씨앗, 자주 확언하기

환경을 변화시키는 가장 강력한 방법 중 하나는 긍정적인 분위기를 조성하는 것이다. 놀랍게도 거짓말을 자주 들으면 마치 진실처럼 느껴진다. 마찬가지로, 현실과는 다소 동떨어진 크고 웅장한 확언일지라도 끊임없이 자신에게 얘기하면 잠재의식 속에 깊이 새겨져 강력한 씨앗이 된다. 잠이 드는 순간 우리의 뇌는 그 말을 진실로 받아들이고, 그 실현을 위한 준비 작업을 무의식적으로 시작한다.

긍정 확언의 시작

유튜브와 같은 플랫폼에는 긍정적인 확언을 하는 다양한 프로그램들이 있다. 비과학적이라거나 터무니없다고 생각하기 쉽다. 속는 셈 치고 한 번만 우리의 뇌를 믿어보는 것은 어떨까? 뇌는 생각과 현실을 명확히 구분하지 못한다고 하니 긍정적인 믿음을 심어보는 것이다.

주변 사람들에게 아이가 듣고 있는 자리에서 "우리 아이는 커서 반드시 훌륭한 사람이 될 거야."와 같은 긍정적인 말을 자주 해주자. 아이는 처음에는 부끄러워하거나 안 듣는 척할 수 있지만, 부모의 지속적인 확언은 아이의 마음속에 은은한 기대감과 긍정적인 자기 암시를 심어준다. 어린 아이일수록 그 효과는 더욱 강력하게 나타난다. '정말 내가 그렇게 될 수 있을까? 엄마는 거짓말 안 하는데…' 하는 긍정적인 착각은 아이의 잠재력을 깨우고 성장을 이끄는 힘이 된다.

우리는 흔히 생각한 대로 느낀다고 한다. 텅 빈 집에서 바람 때문에 문이 쾅 닫히는 소리를 듣고 귀신이라고 생각하면 실제로 공포를 느끼는 것처럼 말이다. 생각은 감정보다 먼저 일어나고 마음은 그 생각에 따라 움직인다. 종종 사실이 아닌 자신의 부정적인 생각만으로 존재하지도 않을 걱정을 만들고, 스스로를 두려움에 가두어 도전을 포기하곤 한다. 특히 평소 꾸지람을 많이 듣는 아이는 '나는 안 돼'라는 부정적인 생각에 갇혀 아예 시도조차 안 하게 된다. 이러한 부정적인 생각을 떨쳐낼 수 있도록 끊임없이 긍정적인 확언을 해 주는 것이 좋다.

확언은 우리의 생각을 긍정적으로 변화시키고 긍정적인 생각은 결국 긍정적인 행동을 이끌어낸다. 그래서 긍정적인 말을 자주 듣고 자주 하는 것이 중요하다. 스스로 긍정적인 문구를 자주 적고 읽는다면, 우리의 뇌는 서서히 그 말을 진실로 받아들이기 시작한다. 자녀의 자아의식은 부모의 반복적인 말로부터 형성된다. 부모의 긍정적인 말 한마디는 어린 자녀의 마음속에 서서히 잉태되어 미래를 향해 힘차게 자라가는 씨앗이 된다.

부모의 강박관념을 자녀에게 대물려선 안 된다. 우리가 살아온 과거의 획일화된 사고방식을 지금의 아이들에게 강요하지 말아야 한다. "튀지 마라.", "남들처럼 해라!" 등의 말은 과거의 유물이다. 지금은 개성을 존중하고 키워가야 하는 시대다. 혹시 부모님 또한 그들의 부모님으로부터 받았던 낡은 가치관을 무의식적으로 답습하고 있진 않은가? 과거 농경 사회에서는 연륜과 경험이 중요한 자산이었기에 당연히 나이 많은 사람으로부터 배워야 했다. 지금은 오히려 어린 사람에게 새로운 것을 배워야 하는 시대다.

요즘 초등학생들은 코딩을 배우지만 대부분의 부모님들은 코딩을 배워본 적이 없기에 아이에게 설명해 주기 어렵다. 세상은 이미 빠르게 변화하고 있다. "책은 깨끗하게 봐야 해. 물려줘야 하니까."처럼 어른의 몸과 마음에 당연하게 새겨진 빛바랜 가치관을 점검해 보자.

"내가 부모니까, 내가 어른이니까!"라는 권위적인 태도로 강요해서는 안 된다. 아이들은 인격적으로 존중받을 때 자존감이 높아지고 행복해한다. 아이들의 행복이야말로 부모가 바라는 최고의 가치 아니겠는가? 자녀를 소유물이 아닌 독립된 인격체로 존중해 주자.

분노와 욕설,
감정의 소용돌이 속에서 지혜를 찾다

분노는 인간이라면 누구나 느낄 수 있는 자연스러운 감정이다. 억지로 참기만 하면 오히려 마음의 병이 될 수 있고 극심한 스트레스를 유발하기도 한다. 분노가 치밀어 오를 땐 잠시 멈춰서 그 감정을 객관적으로 바라보는 태도가 필요하다. 이 분노가 정말로 가치 있는 것인지, 아니면 순간의 시원함을 위해 표출하려는 것인지 자문하는 과정이 필요하다. 나의 소중한 에너지를 상대방에게 쏟을 필요가 있는지 신중하게 생각해 봐야 한다.

자녀의 속상한 감정 또한 마찬가지다. 아이들에게 감정을 억누르라고 강요하기보단 부모 스스로가 자제력을 잃지 않는 범위 내에서 아이의 특정한 행동만을 지적하고 훈육해야 한다. 특히 아이를 혼내는 중에 부모가 더욱 흥분하여 감정적으로 격해지는 것은 절대적으로 피해야 한다.

극심한 분노를 느낄 때는 복식호흡이 도움이 된다고 하지만, 복식호흡이 익숙하지 않다면 편안하게 누워 깊고 큰 호흡을 하는 것만으로도 복식호흡과 유사한 효과를 낸다.

타인과 생각의 차이를 발견했을 때 그것을 곧 틀린 생각이나 잘못된 생각으로 단정 짓지 말자. '아, 저 사람은 나와 다른 재미있는 생각을 하는구나.' 하고 열린 마음으로 받아들이는 연습이 필요하다. 비록 상대방의 생각이 틀리거나 잘못되었다고 할지라도 섣불리 가르치려 하거나 수정하려 해선 안 된다. 때로는 유머나 은유를 통해 간접적으로 생각을 전달하는 것이 더 효과적일 수 있지만, 이는 상당한 숙련을 요구한다. 능숙하게 유머와 은유를 사용하는 사람이 주위에 있다면 주의 깊게 관찰하고 따라 해보자.

화를 내는 것은 결국 자신만 손해 보는 어리석은 행동이라는 것을 우리는 안다. 다만, 억누르기만 하면 스트레스로 변질되므로 건강하게 분노를 조절하는 방법도 알아야 한다. 이른바 '소심한 화냄'이라고 할 수 있는, 자신을 보호하면서도 불필요한 갈등을 피하는 지혜로운 감정 표현 방식을 찾아야 한다.

욕설의 굴레에서 벗어나기

특정한 대상 없이 습관적으로 내뱉는 욕설은 듣는 사람에게 상처를 주고 불쾌감을 안긴다. 굳이 함께하는 소중한 사람들에게 부정적인 에너지를 쏟아낼 필요가 있을까? 혼자 있을 때 자신에게 하는 욕설 또한 마찬가지다.

    분노에 휩싸여 욕설을 내뱉는 것은 엄청난 에너지를 소모하는 행위다. 아까운 에너지를 왜 듣는 사람에게 혹은 스스로에게 부정적인 방식으로 낭비해야 할까? 더욱 심각한 문제는 부모의 욕설을 보고 자란 아이들은 무의식적으로 그것을 학습하고 따라 하게 된다는 것이다. 우리의 언어 습관이 자녀에게 고스란히 배일 수 있다.

삶의 가장 소중한 자산

최고의 학습 환경을 만드는 건, 바로 건강이다. 본격적으로 학업에 매진하는 시기가 되면 결국은 체력 싸움이라고 해도 과언이 아니다. 건강한 몸에서 건강한 정신이 깃들고, 건강한 정신에서 효율적인 학습 능력이 발휘된다.

자녀들의 건강만큼이나 부모들의 건강 또한 최우선 순위이다. 부모가 피곤하면 쉽게 짜증이 나고 아이들에게 불필요한 잔소리를 하게 될 가능성이 높다.

'이렇게 열심히 사는데 왜 늘 힘들기만 할까?' 스스로에게 자문해 본 적이 있는가? 어쩌면 우리는 늘 최선을 다한다고 생각하지만, 삶의 중요한 균형을 놓치고 있는지 모른다. 아이들을 위해서라며 거의 매일 야근하고 주말까지 일을 하며 가족과 함께하는 시간을 소홀히 하지는 않은가? 아이들이 부모를 필요로 하는 시기는 잠시뿐이다. 10년 남짓의 학창 시절은 눈 깜짝할 사이에 지나간다. 그 이후에는 자녀가 부모의 둥지를 떠나 자신의 삶을 살아가기 때문에 함께할 수 있는 시간은 더욱 줄어든다. 아이들이 부모 품 안에 있을 때 진심으로 사랑을 표현하고 소중한 추억을 많이 만들어야 한다. 나중에라도 돈은 벌 수 있지만 흘러간 시간은 되돌릴 수 없다.

시한부 기간,
남기고 싶은 가장 소중한 가치

냉장고를 정리할 때 유통기간이 지난 음식은 아낌없이 버리고 부족한 것은 새로 사서 채워 넣는다. 이러한 유통기간의 개념을 음식뿐 아니라 우리의 배움에도 적용해야 한다. 과거에 습득한 지식이나 공부 방식을 너무 오랫동안 고집해서는 안 된다. 자녀에게 유통기한이 지난 음식을 주지 않듯이 공부법 또한 시대에 뒤떨어진 낡은 방식을 고수해선 안 된다. 전문가(인터넷, 독서 등)의 도움을 받아 끊임없이 업데이트해야 한다. 인생에도 유효기간이 있다. 마치 시한부 인생을 살아가는 것처럼 매 순간을 소중히 여기고 계획하며 살아야 한다.

만약 당신에게 3년의 시한부 판정이 내려진다면 사랑하는 자녀들에게 무엇을 남겨주고 싶을까? 많은 돈, 사회적인 명예, 거대한 유산도 좋겠지만, 그것들은 순식간에 사라지거나 빼앗길 수 있다. 돈을 버는 지혜, 스스로 공부하는 방법, 그리고 무엇보다 당신의 진심 어린 사랑을 남겨주는 것은 어떨까?

돈은 언젠가 바닥날 수 있지만 스스로 살아가는 능력과 부모의 따뜻한 사랑은 아이들이 힘난한 세상을 헤쳐 나가는 가장 강력한 힘이 된다. 당신의 경험과 지혜를 나누고 사랑으로 격려하며 아이들이 스스로 성장할 수 있도록 지지해 주는 것이야말로 부모가 남길 수 있는 가장 값진 유산이다.

소통하는 아이로 키우는
부모 대화법

    아이의 주도성과 창의성은 결국 '소통할 줄 아는 아이'에서 출발한다. 자신의 생각을 말하고 타인의 입장을 들으며 문제를 조율하는 소통 능력은 '미래 핵심 역량'이다. 이러한 소통력은 부모와의 일상의 대화 속에서 자연스럽게 길러진다. 아이의 소통 능력을 키우기 위한 부모 대화법 5가지를 소개하겠다.

소통하는 아이로 키우는 부모 대화법

1. 명령형 대신 질문형으로 대화하라
부모들은 습관적으로 아이에게 지시형 언어를 사용한다. "숙제해라", "이거 하지 마라", "정리해라" 같은 명령형 대화는 아이를 복종시키는 데는 효과적일 수 있지만, 스스로 생각하고 선택하는 능력을 키우진 못한다. 이러한 지시형 언어사용이 빈번할수록 아이는 판단하지 않고 지시에 익숙해져 수동적 태도를 보이게 된다.

명령형 대화와는 반대로 질문형 대화는 아이의 자율성과 사고력을 자극한다. "숙제를 언제 마칠 계획이야?", "네가 정리할 좋은 방법은 뭐가 있을까?", "이 문제를 어떻게 해결할 수 있을까?"처럼 질문을 던지면 아이는 고민하고 사고하며 더 나은 답을 찾는다. 이러한 질문형 대화는 아이의 주도성과 문제 해결 능력을 키우는 데도 도움이 된다.

2. 평가 대신 관찰을 말하라
부모는 아이를 평가하는 언어를 자주 사용한다. "이번엔 정말 잘했어!", "그건 좀 부족했네", "왜 이렇게 못했어?" 같은 표현은 칭찬이든 비판이든 아이에게 심리적 부담을 준다. 인정받기 위해 눈치를 보거나 비난을 피하려는 습관을 만든다.

부모는 평가 대신 관찰 중심 피드백을 주는 것이 좋다. "오늘 발표할 때 목소리가 또렷했더라.", "그림 그릴 때 집중하는 모습이 보기 좋았어."처럼 행동을 있는 그대로 말해주면 아이는 자신의 행동을 객관적으로 바라보게 된다. 이처럼 관찰 언어는 아이가 자기 성장을 스스로 평가하는 능력을 키워준다.

3. 감정을 먼저 인정하라

소통 능력이 뛰어난 아이는 자신의 감정을 정확히 인식하고 표현할 줄 안다. 이를 위해 부모가 먼저 아이의 감정을 수용해 주는 태도를 보여야 한다. "왜 그것 때문에 울어?", "그럴 일 아니야." 같은 부정은 아이의 감정을 억누른다.

대신 "속상했구나", "화가 났구나, 그럴 수 있어"처럼 감정을 있는 그대로 인정해 주자. 감정 수용은 아이가 자기감정을 건강하게 표현하고 조절하는 능력을 키운다. 나아가 타인의 감정까지 존중할 줄 아는 공감 능력으로 확장된다.

4. 해결책 제시보다 공감과 경청이 먼저다

아이의 문제를 들었을 때 부모는 본능적으로 해결책부터 제시하려 한다. "그러니까 네가 그때 그렇게 하지 말았어야지.", "다음부터 이렇게 해."와 같은 조언은 아이 입장에서는 부모의 통제처럼 느껴진다.

공감과 경청이 먼저여야 한다. "그런 일이 있었구나, 속상했겠다.", "그 상황에서 정말 어려웠겠네."처럼 감정을 충분히 공감한 후 아이가 직접 해결책을 찾도록 유도하는 것이 바람직하다. 공감과 경청은 아이가 부모를 신뢰하고 스스로 문제를 탐색하게 만드는 심리적 안전지대를 이룬다.

5. 부모의 감정조절이 최고의 소통 모델이다

아이는 부모의 말과 태도를 따라 배운다. 특히 부모가 갈등 상황에서 감정을 어떻게 다루는지를 관찰하면서 소통 방식을 익힌다. 부모가 화가 났을 때 고성을 지르거나 감정을 폭발시키면 아이 역시 갈등 상황에서 감정 폭발이 정상적 대응인 것으로 학습한다.

부모가 아이에게 감정을 조절하고 차분하게 갈등을 풀어가는 모습을 보여주는 것이 최고의 소통 교육이다.

"지금은 나도 화가 나지만 조금 진정하고 이야기하자."

"네 의견을 먼저 들어보고 싶어."

같은 태도는 아이에게 있어 건강한 소통의 본보기가 된다. 부모의 감정조절 태도가 곧 아이의 평생 소통 습관을 결정짓는다.

어른은 물론 아이의 소통은 하루아침에 바뀌지 않는다. 그러나 언어 습관, 태도, 대화방식이 꾸준히 쌓이면서 아이는 감정을 건강하게 다루는 법을 배운다. 무엇보다 중요한 것은 부모가 먼저 새로운 소통 방식을 배우고 실천하려는 자세다. 소통 능력은 단순한 말하기 기술이 아닌 삶을 살아가는 중요한 태도이며, 앞으로 아이가 우리 사회에서 건강하게 성장하는 든든한 기반이 된다. 부모가 말 한마디를 바꿀 때마다 아이는 소통 박사가 된다.

4장

부모도 아이와 함께 성장한다

순서만 바꿨을 뿐인데

우리는 뭔가 일이 잘 안 풀릴 때 거창한 목표를 세우며 결심한다. 그러곤 바로 걱정이 찾아오고, 그 걱정을 해결하려 마음을 다잡는다.

"이젠 진짜 다이어트 해야겠다."

"이번엔 꼭 영어 회화를 끝내야지."

결심은 멋지고 의지는 강렬하다. 하지만 그 강렬했던 의지는 며칠이 지나면서 금세 무너진다. 그 빈자리엔 '실망'과 '자책'이 남는다.

결심은 크지 않아도 된다. 거꾸로 생각해 보자. 걱정을 해결하기 위한 결심이 아니라 행복을 위해 결심하는 것이다. 결심은 목표를 달성한 미래의 나를 상상하고, 그 과정에서 조금이라도 성취감을 느낄 때 더 발전할 수 있는 계획을 세운다. '결심-실패-실망'의 악순환이 아닌 '시도-성취감-결심-발전'의 선순환이어야 한다. 결심은 불안이 아니라 기분 좋은 시도에서 시작된다.

80%의 목표를 달성한 이후 90%, 100%, 101%로 조금씩 올려 보자. 결심할 땐 막연한 다짐보다 수치화가 좋다. 하루 5분, 일주일에 3번, 100일 동안 매일 1장씩 읽기 등 목표를 수치화하면, 성과를 한눈에 확인할 수 있어 다음 단계 실천을 쉽게 만든다.

작은 실천이 문을 연다

자녀가 운전면허를 따겠다면서 학원등록을 계속 미룬다면 이렇게 말해보자. "다음 달에 차 나올 거야." 목표가 너무 멀면 손이 가지 않지만, 결과가 코앞에 보이면 실행이 빨라진다.

많은 사람들이 말한다. "먼저 책을 많이 읽고 충분히 공부한 후

투자해야지." 하지만 공부는 막연한 미래이거나, 결과가 눈앞에 바로 보이지 않으면 잘 되지 않는다. 소액이라도 직접 투자해 보면 그때부터 뉴스가 귀에 들어오고 차트가 보이며 단어에 익숙해진다. 순서만 바꿨을 뿐인데 결과는 사뭇 다르다.

회사에서 바닥에 떨어진 휴지가 눈에 들어오는 건 늘 사장이다. 직원들은 그냥 지나친다. 화낼 필요 없다. 직원은 내 돈을 가져가는 사람이 아니라 내 돈을 벌어다 주는 사람이다. 만약 휴지를 주우며 주인의식을 가진 직원이 있다면? 그 사람은 언젠가 사장이 될지도 모를 일이다.

정리는 이별이고,
정돈은 초대이다

"정리는 이별이고, 정돈은 초대이다."

정리와 정돈, 우리는 자주 붙여 말하지만, 그 둘은 엄연히 다르다. 정리의 '리(離)'는 이별할 때 쓰는 한자이다. 즉 떠나보내는 것, 버리는 것이다. 반면 정돈은 '바르게 자리에 두는 일'이다. 따라서 정리 없는 정돈은 숨기는 것에 불과하다.

정리하지 않으면 스트레스가 자란다

왜 정리를 못 할까? 물건이 많아서가 아니라 버리지 못해서이다. 비쌌던 옷, 선물 받은 책, 언젠간 쓸 줄 알았던 공구들… 우리 마음은 언제나 이렇게 말한다. '아까워서 못 버리겠어.' 버리지 못한 물건들 때문에 찾는 시간은 길어지고, 스트레스는 더 올라갈 뿐이다.

   정리가 되어 있으면 선택하는 시간이 짧아진다. 선택사항이 많거나 고르는 시간이 늘어날수록 에너지를 많이 써 피로해진다. 스티브 잡스는 매일 같은 옷을 입었다. 그 이유는 선택의 피로를 줄이기 위해서이다. 무엇을 고를지 고민하는 그 순간에 우리의 뇌는 이미 피곤해지고 있다.

아내가 옷장을 열고 말한다. "입을 만한 게 하나도 없네." 옆에 있던 남편은 말한다. "많기만 하구만!" 눈치 없는 남편이다. 실제로 3년 동안 한 번도 안 입은 옷은 앞으로도 거의 입지 않는다고 보면 된다. 그럴 땐 기부하거나 사진 한 장 남기고 고이 보내주자. 그리고 나면 마음도 옷장도 훨씬 가벼워진다.

우린 종종 언젠가 쓸 물건을 언제까지나 안고 산다. 그 '언젠가'는 대부분 오지 않는다. 아이가 쓰던 장난감. 예전에 썼던 교재, 안 쓰지만 버리긴 아까운 가전제품들. 공간이 있어야 새로운 물건이 들어올 자리가 생긴다.

여행 갈 땐 가방 하나로 충분히 살아간다. 그렇게 사는 것도 가능하다는 걸 몸은 기억하고 있다. 여백이 주는 여유, 그것이 정리의 진짜 목적이다.

"완벽함이란 더 이상 보탤 것이 없는 상태가 아니라 더 이상 뺄 것이 없는 상태이다."

– 생텍쥐페리

정리는 단순히 버리는 게 아니라 비우고 다시 채우며 가볍게 살아가기 위한 선택이다. 그러한 선택은 우리를 조금 더 평온하고 기분 좋은 사람으로 만들어 준다.

4등분으로 나누면
인생이 조금씩 보인다

우린 종종 인생이 너무 막막하다고 느낄 때가 있다. 하루는 금세 지나가고 할 일은 쌓이는데 무엇부터 손대야 할지 모르겠다. 그럴 땐 작게 나눠보자. 딱 4개로만.

**4등분 하면 달라지는 일상,
그리고 인생**

보통은 하루를 아침, 점심, 저녁 이렇게 세 등분으로 생각한다. 식사를 기준으로. 하지만 여기에 하나 더 꼭 추가했으면 하는 시간이 있다. 바로 나만의 시간이다. 30분도 좋고 10분이라도 좋다. 커피 한 모금 마시며 책을 읽거나 산책하며 명상할 수 있는 잠시의 시간이 있다면 하루 전체가 달라진다.

업무에서도 마찬가지다. 예를 들어, 제안서를 쓴다고 할 때 막연하게 시작하지 말고 이렇게 나눠보자. '개요-문제점-제안-기대효과' 이렇게 나누기만 해도 어디서 시작해야 할지, 무엇이 비어 있는지 보이기 시작한다.

김승호 회장이 말했다.
"돈은 단지 열심히 번다고 모이는 게 아니다."
돈에도 분리가 필요하다. '버는 법-모으는 법-유지하는 법-쓰는 법' 이 네 가지 중 하나라도 빠지면 돈은 내 곁에 오래 머무르지 않는다.

막연했던 일, 안 풀리던 과제, 복잡했던 생각들… 단지 4등분으로 나누는 것만으로도 '해볼 만하다'는 마음이 생긴다. 4개라면 하나쯤은 지금 당장 시작할 수 있고, 하나쯤은 도움을 받을 수 있고,

또 하나쯤은 잠시 미뤄도 된다.

 나누면 가벼워지고, 보이면 움직일 수 있다. 인생이 막막할 때, 마음이 복잡할 때면 작게 나눠보자. 4등분, 생각보다 큰 마법을 품고 있다.

시간을 사는 수단, 돈

돈을 벌기 위해 시간을 쓴다. 언젠가는 돈으로 시간을 사는 사람이 되고 싶어 한다. 예전엔 나도 이렇게 생각했다.

'내가 번 돈은 전부 내 돈이지.'

살다 보니 내 통장에 들어온 돈과 내가 쓸 수 있는 돈은 다른 이야기라는 걸 알았다.

진짜 내 돈은 '내가 쓴 돈'이다 세금으로 나간 돈, 공과금, 가족을 위한 생활비… 물론 다 필요하지만 그건 그냥 의무로 지나가는 돈이다. 반면 도서관에서 읽은 책, 공원에서 마신 커피, 헬스장에서 땀 흘린 시간 등 이런 건 비록 내가 직접 산 건 아니어도 내가 쓴 것이고, 그래서 내 돈이다.

어떤 사람은 "100억 정도는 있어야 부자지."라고 말한다. 또 어떤 이는 "쓰는 돈보다 버는 돈이 많으면 부자다."라고 한다. 하지만 김승호 회장은 이렇게 말했다.
"자본이 노동보다 많아지는 순간 당신은 더 이상 일하지 않아도 되는 사람, 즉 부자다."

나는 이렇게 말하고 싶다.
"나는 내가 좋아하는 일을 하며 살 수 있어서 부자다."
부자의 정의는 각자의 삶의 철학에 따라 정해지는 것이다.

'돈 = 시간'
어쩌면 돈보다 중요한 건 시간이다. 왜? 우리는 시간을 팔아 돈을 벌고 돈으로 시간을 사고 싶어 하니까. 결국 돈은 시간을 바꾸는 수단이다. 그래서 돈을 벌기 전 시간을 먼저 정리하며 낭비되는 시간을 줄여야 한다.

돈에 관한 교육

돈에 대한 이해는 가능한 한 어릴 때 시작하는 것이 좋다. 돈은 단순히 소비하는 것이 아니라, 시간과 가치를 교환하는 중요한 수단이다. 아이에게 이 점을 분명히 알려주자. 이를 통해 아이는 경제적 사고방식을 키우고, 자원을 관리하는 능력을 배울 수 있다.

하루에 하나씩 경제와 관련된 개념을 배우며 아이에게 친숙하게 다가갈 수 있다. 예를 들어, 우리가 공공시설을 이용하는 것도 부모가 낸 세금 덕분이라는 사실을 아이에게 설명해 보자. 이처럼 경제적 개념을 작은 단위로 풀어내면, 아이는 자연스럽게 돈과 사회, 그리고 자신 간의 관계를 이해하게 된다. 경제 활동이 나의 일상과 어떻게 연결되는지 알게 될 때, 아이는 책임감과 동시에 자신감을 얻는다.

돈이 많고 적음으로 인생의 가치를 평가하는 것보다 더 중요한 것은 돈을 어떻게 이해하고 다루느냐이다. 돈을 '제대로 아는 삶'을 사는 것은 그 자체로 더 큰 자유를 의미한다. 돈을 제대로 알면, 시간과 자원을 더 효율적으로 사용할 수 있다. 이 자유는 단지 경제적 여유를 넘어서, 내 시간과 내 가족을 지킬 수 있는 능력이자, 내가 원하는 방식으로 삶을 설계할 수 있는 큰 자산이 된다. 결국, 돈을 아는 삶은 내가 삶의 주도권을 쥐고 살아갈 수 있게 해준다.

시간이 없어서 못 했다니까요?

"알기만 하고 하지 않으면 모르는 것과 다름없다."
이 말을 들은 사람들은 얘기한다.
"알아요, 그건 알고 있죠."
나는 이렇게 묻고 싶다.
"그걸 해봤나요?"(故 정주용 회장님 말씀)

행동하지 않으면 그건 모르는 것이다. 안다는 건 '실행'과 함께 있어야 진짜 앎이다.

"시간이 없어서 못 했다니까요?"

사람들이 가장 많이 하는 흔한 핑계다. 하지만 진실은 다르다. 시간은 주어지는 것이 아니라 내가 만들어 내는 것이다. 편안함, 유희, 귀찮음을 조금 내려놓고 시간을 직접 만들어야 비로소 '나의 시간'이 생긴다.

시간을 그냥 흘려보내지 마라

가끔 그런 시간이 있다. 별다른 일 없이 그냥 때우는 시간. "할 일도 없고 그냥 이것이나 하자…" 그런 식으로 보내는 시간이 많아질수록 내 시간은 점점 줄어든다. 그럴 땐 미리 준비해 두자. 독서 10쪽, 산책 5분, 하늘 보기, 짧은 명상 등. 버킷리스트가 아닌 '쌈지 리스트'. 작지만 소중한 행복을 실천하는 리스트이다.

"왜 하지 않죠?"

그건 절실함이 부족하기 때문이다. 정말 간절하게 원한다면 사람은 하게 돼 있다. 실행하지 않는 이유는 결국 '절실함'이 부족한 것이다. 그럴 땐 행동 후 얻게 될 결과를 상상해 보자. 이루고 싶은 목표, 달라진 내 모습, 멋있는 미래를 얻지 못한다면, 그것이야말로 '정말 큰 손해'이다.

실행의 원리는 관성이다. 시작이 어렵지 한 번 움직이면 다음은 생각보다 쉽다. "시작이 반이다."라는 말이 진리다. 시동이 걸리면 차는 달려간다. 빠르게 실천하기 위해서 중요한 건 순서를 정하는 것이다. 늘 바쁜 건 급한 일들에 쫓기기 때문이다. 중요한 일-해야 할 일-하고 싶은 일-덜 급한 일. 이렇게 정리해 보자. 급한 일만 하다 보면 정말 중요한 일을 놓친다.

귀찮아서 미뤘던 일이 결국 급한 일이 된다. 천재지변이 아니라면 급한 일은 대체로 귀찮음이 쌓여서 생긴다. 그래서 그 전에 작게라도 지금 시작해야 한다. '지금 바로'가 당신을 완전히 다른 내일로 이끌어준다.

실패라는 벽돌쌓기 게임

무심코 흘러가는 대로 살아가는 건, 마치 큰 원을 그리며 제자리걸음을 하는 것과 같다. 분명히 앞으로 나아가고 있다고 착각하지만 잠시 멈춰 주변을 돌아보면 과거와 크게 달라진 것이 없다.

의식적인 노력이 필요하다. 명확한 목표를 설정하고 그 방향으로 의식적으로 나아가야 한다. 마치 과거의 항해자들이 북극성을 길잡이 삼아 먼 항해를 떠났듯이, 우리도 도달하고자 하는 목표를 삶의 먼 곳에 설정하는 것이 좋다.

터널의 그 끝에는

의식하지 않으면 익숙한 버릇대로 행동하기 마련이다. 의식적으로 꾸준히 노력하기는 쉽지 않다. 해답은 버릇을 바꾸는 데 있다. 즉, 목표를 향한 행동을 자동화된 습관으로 만드는 것이다. 자동화의 시작은 기준점을 바꾸는 것에서부터 시작한다.

아침에 운동하는 것이 목표라면 '운동을 하는 것'이 당연한 기준점이 된다. 운동을 하지 않는 것이 오히려 이상하게 느껴지고, 안 하려면 그럴듯한 이유를 스스로에게 물어야 한다. 이유가 궁색하다면 결국 운동을 해야 하는 상황이 되는 것이다.

인식하고 행동하지 않으면 우리의 몸은 익숙한 기준점으로 돌아가 버릇에 따라 움직인다. 자동화란 이러한 행동의 기준을 우리의 의식적인 생각으로 조정하는 것을 의미한다. 생각이 먼저 행동을 이끌어야 우리가 삶의 주인이 될 수 있다. 행동이 먼저 앞서고 나중에 생각하면 우리는 상황에 끌려다니는 삶을 살 수밖에 없다.

목표는 유연하게 바꿀 수 있어야 한다. 너무 높아서 실패가 뻔히 예상된다면 낮추고, 너무 낮아서 쉽게 달성할 수 있다면 높여야 한다. 몇 번 실패했다고 해서 '역시 나는 안 되는구나!' 하고 쉽게 포기해선 안 된다. 실패는 성공으로 나아가는 과정에서 필수적인 요소이다. 실패 없는 성공은 오히려 의심해 봐야 한다. 속고 있거나 사기를 당하는 중일 수 있다.

목표를 향해 나아가는 과정 자체가 진정한 목표일 수 있다. 목표는 완수되는 순간 더 이상 목표가 아니다. 오히려 공허감이나 허탈감을 느낄 수 있다. 그러므로 목표를 향해 조금씩 다가가는 과정을 즐기고 누려야 한다.

목표로 향하는 과정은 때로는 어두운 터널을 통과하는 것과 같다. 어디로 가고 있는지 얼마나 왔는지 보이지 않아 답답하고 불안할 수 있다. 터널을 지나면 멋진 풍경이 펼쳐져 있고, 목표점에 좀 더 다가가 있는 나를 발견하게 된다.

실패라는 벽돌쌓기 게임

의식적인 행위는 몸에 밴 습관을 이기려는 노력이다. 우리의 뇌는 변화를 싫어하고 방해하려 한다. 익숙한 대로 행동하며 편안함을 느끼려는 뇌의 작용 때문에 어쩌면 실패는 당연한 과정일 수 있다. '1만 시간의 법칙'처럼 어떤 기술이 완전히 내 것이 되기 위해서는 수많은 실패와 성공을 반복하며 습관으로 만들어야 한다. 성공보다 실패가 많은 것은 자연스러운 현상이다.

야구에서 3할 타자는 준수한 선수지만, 바꿔 말하면 7할은 실패한다는 의미다. 성공보다 실패가 더 많다는 것을 인정해야 한다. 왜 그토록 실패를 회피하려고만 할까? 낙심과 실망감을 느끼고 싶지 않기 때문이다. 낙심과 실망은 높은 기대치가 있기에 발생하는 감정이다. 물론 발전을 위해서는 적절한 기대치가 필요하다. 동시에 실패를 당연한 과정의 일부로 받아들이는 태도도 중요하다. 실패했을 때 '또 한 번의 실패일 뿐이야. 성공에 더 가까워지고 있어. 다음에는 분명 더 나아질 거야.'라고 생각하면 좀 더 성숙한 나와 마주할 수 있다.

자녀들에게 작은 실패를 경험하도록 내버려두자. '선택 총량제'처럼 인생에는 정해진 실패의 총량이 있을지 모른다. 크고 작은 차이는 있겠지만 어릴 때 많은 실패를 경험하는 것이 나중에 더 큰 실패를 막는 예방주사가 될 수 있다. 자녀의 소소한 실패 상황에 부모가 바로 개입하기보다는 스스로 회복하도록 기다려주자.

아직 어리고 사랑스럽고 안쓰럽겠지만 진정으로 사랑한다면 엄마 찬스나 아빠 찬스를 쉽게 사용하게 해서는 안 된다. 스스로 일어설 힘을 길러주는 것이 진정한 사랑이다.

   직장 생활도 마찬가지이다. 엄격한 상사를 만나 힘든 시간을 보냈던 사람이 오히려 빠르게 승진하는 경우를 종종 본다. 반대로 인자한 상사를 만나 편안하게 지냈던 사람이 성장이 더뎌 동료들보다 뒤처지는 경우도 있다. 상사가 직접 처리하면 빠르고 실수도 적겠지만 후임에게는 배울 기회가 주어지지 않는다. 후임이 고생하는 것을 안쓰럽게 여겨 모든 것을 직접 처리해 주는 상사는 당장은 좋은 사람으로 보일지 모르나 후임의 성장을 가로막는 나쁜 상사일 수 있다.

예전에는 "화장실 가서 눈물 한번 안 흘려 보고 무슨 직장 생활을 할 수 있냐."라는 말이 있었다. 힘든 시간을 통해 성장하는 것이 직장 생활의 일부라는 의미이다. 과거에는 무섭고 까다로웠던 상사를 지금은 존경하는 마음으로 찾아뵙거나 안부를 전하기도 한다. 당시에는 힘들었지만, 그 어려움 속에서 성장할 수 있었음을 깨닫기 때문이다.

자신이 아끼는 사람일수록 당장의 편안함을 제공하기보다는 실패할 용기를 길러주자. 성공은 수많은 실패의 벽돌을 한 장 한 장 쌓는 탑 쌓기 게임과도 같다. 게임을 즐기며 퀘스트를 완수하면 될 일이다.

반응의 속도보다
예측의 지혜를 갖추다

우리는 예상치 못한 위험한 상황에 직면했을 때 평소의 느릿한 모습과는 달리 놀라운 속도로 즉각적인 반응을 보이곤 한다. "아버지, 돌 굴러가유!"라는 외침에 아무리 느긋한 충청도 아버지라도 위험을 피하고자 반응할 것이다. 이는 인간에게 내재 된 생존 본능 덕분이다.

전혀 예측할 수 없었던 일이 발생하면 당황하고 허둥지둥한다. 급하고 정신없이 대응하다 보면 또 다른 실수를 낳고, 손실이 발생했을 때는 이를 수습하기 위해 더 큰 손해를 감수하기도 한다.

현명한 삶을 위해

삶에는 경험과 학습을 통해 충분히 예측 가능한 부분들이 많다. 상황이 발생하기 전에 미리 예측하고 대비한다면 불필요한 손실을 줄일 수 있다. 삶은 예측 불가능한 사건들의 연속이며 우리는 늘 그 상황에 대처하고 수습하며 살아간다.

중요한 건, 아무런 준비 없이 상황이 닥쳤을 때 급하게 반응할 것인지, 아니면 미리 예측하고 준비하여 손실을 최소화할 것인지의 선택이다. '설마 나에게 그런 일이 일어나겠어?'라며 안일하게 있다가는 뒤늦게 후회하며 몇 배나 더 큰 손실을 감당하게 된다. "소 잃고 외양간 고친다."라는 속담이 있는 걸 보면 준비하지 않고 뒤늦게 후회하는 상황이 과거부터 끊임없이 되풀이되었다는 걸 알 수 있다.

결국, 미리 준비하는 것은 해야 할 일을 조금 앞당겨서 하는 것이다. 일반적인 설거지는 밥을 먹고 난 후에 하는 것이지만 '비설거지'라는 우리말 표현이 있다. 이는 비가 올 것이 예상될 때 빨래를 미리 걷고 장독대 뚜껑을 덮는 행동을 말한다. 닥쳐올 상황을 예측하고 미리 대비하는 선조들의 지혜가 엿보이는 표현이다.

'조삼모사'라는 사자성어를 통해 우리는 눈앞의 작은 이익에 눈이 멀어 장기적인 손해를 보지 못하는 원숭이의 어리석음을 비웃는다. 하지만 때로는 받을 것을 먼저 챙기는 원숭이의 행동이 더 현명할 수도 있다. 나중에 상황이 어떻게 변할지, 받을 몫이 줄어들거나 아예 받지 못할 수도 있고, 귀한 것이 상해서 쓸모없어질 수도 있다. 반응하는 속도만큼, 미래를 예측하며 미리 준비하는 지혜로움이 필요하다.

5장

아이들 교육이 유독 '나'만 힘들었던 이유

성적만 좇는 교육,
아이의 행복을 놓치고 있다

한국의 부모들은 세계적으로 자녀 교육에 대한 열정이 높기로 유명하다. 이 말을 좀 더 현실적으로 표현하면 한국 부모들의 자녀 교육은 거의 국가적 집착에 가깝다. 부모들이 아이의 교육과 미래를 위해 아낌없이 투자하면서 가족 전체가 희생하는 것은 흔한 풍경이 됐다. 사교육비 지출은 매년 사상 최고치를 경신할 만큼 교육열로만 보면 세계 최고 수준이다. 부모들은 자녀가 더 나은 학교에 진학하고 더 좋은 직장에 취직해 안정된 삶을 살길 바라며 오늘도 끝없는 경쟁 속으로 아이를 내몬다.

아이들은 과연 행복할까?

이처럼 치열한 교육 경쟁 속에서 우리 아이들은 행복할까? 통계청이 발표한 '국민 삶의 질 2024 보고서'에 따르면 우리나라 청소년들의 삶의 만족도는 OECD 평균보다 현저히 낮다. 특히 10대 청소년들의 행복지수는 OECD 38개국 중 최하위권에 머물고 있다. 한국 청소년들은 세계에서 가장 긴 학습 시간을 기록하며 누구보다 열심히 공부하고 있지만, 정작 스스로의 삶에는 만족하지 못하는 심각한 모순을 안고 살아가고 있다.

한국의 아이들은 초등학생 때부터 조기교육과 선행학습으로 경쟁에 뛰어든다. 중학교 시절에는 내신 경쟁과 특목고·자사고 진학 준비로 힘들고, 고등학교에 들어서면 대학 입시라는 좁은 관문을 통과하려 전력을 다한다. 수업이 끝난 뒤에도 학원과 과외 등의 학습은 새벽까지 이어진다. 이렇게 긴 시간을 투자하는 것이 미래의 행복을 위한 투자라면 이해할 수 있지만, 문제는 그 과정에서 아이들이 심각한 심리적 압박과 좌절을 겪는다는 것이다.

과도한 성적 지향 교육은 아이들이 자신의 가치를 오직 '점수'로만 평가하게 만든다. 성적이 좋을 때는 잠시 안도하지만 조금만 성적이 떨어져도 자존감이 무너진다. 부모의 기대치가 높을수록 아이들은 끊임없이 불안 속에서 살아가며 결국 '잘해야 사랑받을 수 있다'는 조건부 자존감을 갖게 된다. 청소년 우울증, 불안장애, 심리적 탈진이 해마다 증가하는 것도 이러한 성적에 대한 압박의 결과다. OECD 국가 중 청소년 자살률이 가장 높은 나라가 바로 우리나라다. 이것이 현재 한국 교육이 안고 있는 암울한 현실이다.

더 심각한 문제는 이러한 환경이 아이들의 '주도성'을 파괴하고 있다는 점이다. 학습 계획을 부모와 교사가 정해주고 아이는 그저 따라간다. 스스로 목표를 설정하고 계획하며 선택하는 경험이 없다. 아이들은 자신의 인생을 자기가 이끌어간다는 감각을 잃어버리고 늘 누군가의 지시에 의존하게 된다. 하버드대학교 심리학자 윌리엄 데이먼은 청소년기의 가장 중요한 성장 과제가 '자기 주도적 목적 설정(Self-Purpose)'이라 강조한다. 그런데 우리 교육시스템은 이 중요한 능력의 성장을 오히려 가로막고 있다.

아이의 행복과 미래를 결정짓는
가장 중요한 자산

과도한 성적 중심 교육은 아이들의 '창의력'을 약화시킨다. 단순히 정답을 빠르게 찾는 능력만으로는 미래 사회에서 경쟁력을 유지하기 어렵다. AI와 자동화 기술이 인간의 단순 반복 업무를 대체하는 시대가 이미 도래했다. 미래에는 복잡한 문제를 새롭게 정의하고 다양한 지식을 융합하며, 기존과 다른 해결책을 찾아내는 창의적 사고가 요구된다. 그러나 지금의 교육시스템은 여전히 오답을 두려워하게 만들고, 새롭고 창의적인 시도를 불편한 것으로 여긴다. 실수는 곧 낙오로 간주되어 아이들은 안전한 정답만을 선택하려 한다. 이 과정에서 창의적 사고의 토양은 점점 척박해진다.

실제로 OECD 국제학업성취도평가(PISA)에서 한국 학생들의 읽기·수학·과학 성취도는 항상 상위권을 차지하지만, 창의력과 비판적 사고, 문제 해결력 등의 비인지 능력은 하위권에 머문다. 공부는 잘하지만 스스로 생각하고 새로운 것을 만들어 내는 능력은 뒤처지고 있다는 비판이 제기되는 이유다.

결국 성적 중심 교육은 아이들에게서 두 가지를 빼앗는다. 바로 행복과 미래 경쟁력이다. 이것은 결코 개인의 문제가 아니며 한국 사회 전체가 장기적으로 떠안게 될 과제다. 지금처럼 아이들의 주도성과 창의력을 억누르는 교육이 계속된다면 미래 한국 사회는 수동적이고 위기 대응 능력이 부족한 인재들로 가득할 것이다. 단기적인 성적 상승만을 바라지 말고, 장기적인 안목으로 삶을 주도하는 사람을 키우는 진짜 교육이어야 한다.

부모의 관점도 바뀌어야 한다. 성적이라는 수치의 집착을 넘어 자녀의 올바른 성장을 원한다면 먼저 아이가 스스로 목표를 세우고 도전하며 시행착오를 겪을 기회를 주어야 한다. 실패를 두려워하지 않고 스스로 문제를 해결해 나가는 힘은 아이의 행복과 미래를 결정짓는 중요한 자산이 된다. 교육은 아이 스스로 삶을 주도하도록 길을 열어주는 과정이다.

변하고 있는 교육 패러다임

불과 한 세대 전만 해도 좋은 대학에 입학하고 안정적인 직장을 얻는 것이 '성공한 삶'의 공식이었다. 부모들은 이 공식에 맞춰 자녀의 미래를 설계했고, 아이들은 어릴 때부터 경쟁에 뛰어들 수밖에 없었다. 그러나 지금 우리는 그러한 공식이 유지되기 힘든 시대를 살고 있다. 사회는 빠르게 변하고 있고 과거의 성공 방정식이 더 이상 통하지 않음이 곳곳에서 드러나고 있다. 그 이유는 크게 세 가지다.

과거 성공방정식이
더 이상 통하지 않는 이유

1. 직업의 변화 속도가 상상을 초월한다

세계경제포럼(WEF)은 '현재 초등학생의 65%가 미래에 존재하지 않을 직업을 갖게 될 것'이라 전망한다. 기술의 발전은 단순 반복 업무를 빠르게 대체하고 있으며, 과거 고소득·고안정성을 자랑하던 직종과 우량 기업마저 변화의 속도를 따라가지 못하면 미래를 장담할 수 없게 되었다. 이미 전문직과 금융권, 제조업 등 대부분의 분야에서 구조조정과 직무 재편이 끊임없이 반복 중이다. '대학 → 좋은 직장 → 안정된 삶'이라는 공식이 매번 통하지 않는 시대가 된 거다.

2. 지식 그 자체가 더 이상 차별화의 수단이 되지 못한다

과거에는 다량의 지식을 보유하고 있는지가 경쟁력이었지만 지금은 정보 접근성이 극도로 높아졌다. 인터넷과 AI의 발전으로 방대한 지식을 언제 어디서든 손쉽게 얻을 수 있는 세상이 되었고, 단순 암기나 문제 풀이 능력만으로는 더 이상 경쟁우위를 유지할 수 없게 됐다. 정보를 활용하고 여러 분야의 지식을 융합하며, 실제

문제에 적용하는 능력이 중요해졌다.

3. 역발상의 사고가 요구된다

이제는 기존의 틀 안에서 정답을 찾아내는 능력이 아닌, 문제를 새롭게 바라보고 색다른 해결책을 제시하는 창의성이 중요해졌다. 오늘날 글로벌 기업들의 성장 방식이 이를 증명한다. 구글, 애플, 테슬라 등은 기존 산업 구조를 뛰어넘는 새로운 질문과 접근으로

전 세계 시장을 이끌고 있다. 이들 기업은 단순히 지식을 이용하는 단계에 머물지 않고, 기존의 사고 틀에서 벗어나 전혀 다른 관점에서 문제를 바라보며 해답을 찾는다.

진정한 의미의 경쟁력

시대의 요구가 빠르게 바뀌면서 전 세계 교육 패러다임도 변화하고 있다. 핀란드, 덴마크, 싱가포르 등 교육 선진국들은 이미 학업성취도 중심에서 벗어나 문제 해결력과 창의성, 협업능력, 비판적 사고력, 자기주도 학습력 등을 핵심 교육목표로 삼고 있다. 수업도 일방적 주입식의 강의 방식이 아닌 프로젝트 및 실습 중심으로 운영되고 있으며, 아이들은 실생활 문제를 해결하는 실제적 교육 방식으로 배우고 성장해 간다. 실패가 허용되는 분위기 속에서 시행착오를 충분히 경험하며 사고력과 주도성을 키워가는 것이다.

이런 시대적 변화를 인식한다면 부모의 교육관도 달라져야 한다. 더 많은 것을 더 빨리 시키는 것만이 정답이 아님을 깨달아야 한다. 오히려 속도를 늦추고, 아이가 스스로 탐색하고 질문하며 시행착오를 겪도록 기다려 주는 것이 지혜로운 태도다. 단순히 지식을 좇는 선행학습보다 오답을 두려워하지 않고 다양한 가능성을 시도하는 교육적 경험이 아이의 미래 경쟁력을 높인다.

많은 부모들은 여전히 "남들보다 뒤처질까 봐."라는 불안에 사로잡혀 있다. 그러나 아이의 진정한 경쟁력은 외부의 기준이 아닌 세상에 없는 길을 스스로 만들어 갈 수 있는 내적 힘에서 키워진다. 역설적이지만 지금의 시대야말로 '역발상의 힘'이 더욱 절실한 시대다. 부모가 이 사실을 깨닫지 못하고 자녀 교육의 방향을 바꾸지 않으면 아이는 스스로 문제를 해결하지 못하는 수동적 어른으로 성장할 가능성이 크다.

자녀의 제대로 된 미래를 준비시키고 싶다면, 지금이라도 타인과의 비교에서 벗어나 아이가 스스로 선택하고 도전할 기회를 주자. 그래야 진정한 의미의 경쟁력을 지닌 아이로 자라간다.

부모가 달라져야
아이가 달라진다

　부모들은 자신이 자녀를 위해 최선을 다하고 있다고 믿는다. 더 좋은 교육, 더 많은 기회, 더 빠른 성장을 위해 누구보다 열심히 뛰고 있다고 생각한다. 문제의 시작이 여기서 비롯된다. 부모의 선의와 노력에도 불구하고 많은 아이들이 주도성과 창의력을 잃어가고 있고, 스스로 삶을 이끌어가는 힘도 잃어가고 있다. 지금까지의 양육방식은 무엇이 문제였던 걸까? 아이의 진짜 성장을 돕고 있었던 걸까?

부모의 기대가 높을수록

오늘날 많은 부모는 아이가 뒤처질 게 두려워 끊임없이 개입한다. 학습 계획을 대신 세워주고, 진로를 대신 고민하며, 결정의 순간마다 답을 제시한다. 처음에는 이 개입이 아이의 성취에 도움이 되는 것처럼 보일 수 있다. 그러나 시간이 지날수록 아이는 스스로 선택하고 책임지는 경험을 빼앗긴다. 부모가 만들어 준 안전한 길을 오래 걸은 아이는 성인이 되어도 독립적 판단과 자율적 문제 해결을 어려워한다.

심리학자 에드워드 데시와 리처드 라이언은 인간의 내적 동기가 건강하게 성장하려면 자율성(autonomy), 유능감(competence), 관계성(relatedness)이 균형 있게 충족되어야 함을 강조한다. 이 중 자율성은 특히 아이의 장기적 성장에 있어 핵심적인 역할을 한다. 스스로 선택하고 도전해 본 경험이 부족한 아이는 내적 동기 대신 외부 통제에 의존하게 된다. 외재적 동기에 익숙해진 아이는 보상이 없으면 쉽게 동기를 잃고, 스스로 도전할 이유를 찾지 못한다.

더 심각한 문제는 부모의 기대가 높을수록 아이들은 실패를 두려워하는 경향이 강해진다는 점이다. 성적이 떨어지면 부모가 실망할까 두렵고, 작은 실수도 자기 능력 부족 때문으로 확대 해석한다. 이로 인해 아이는 새로운 시도를 꺼리며 안전한 선택에 익숙해진다. 창의성과 도전 정신이 키워져야 할 시기에 실패 회피 심리가 자리 잡게 되고, 복잡하고 변화가 빠른 사회에 필요한 회복탄력성과 문제 해결 능력마저 약화된다.

결국 부모의 의도는 선했지만, 결과적으로 아이의 독립성과 성장 가능성을 제한하는 역효과가 나타나는 것이다. 아이가 스스로 문제를 정의하고 해결책을 찾는 경험의 기회를 주는 것이 장기적인 성장을 위해 중요하다. 과정보다 결과를 중시하는 작금의 교육 환경에서 부모까지 결과 중심의 시선을 보인다면, 아이는 자립 성장의 발판을 잃게 될 거다.

관리자가 아닌 조력자

이제 부모의 역할은 관리자가 아닌 '조력자'로 바뀌어야 한다. 부모가 모든 결정을 대신 내려주는 것이 아니라 아이가 고민하고 선택할 수 있도록 옆에서 질문을 던져주고, 실수를 격려하며, 시행착오가 성장의 발판이 되도록 기다려줘야 한다. 경험을 통한 배움의 과정을 인정해 주는 부모의 아이들은 실패를 두려워하지 않고, 스스로의 성장을 즐기게 된다.

무엇보다 중요한 것은 부모의 믿음이다. 부모가 아이의 현재 모습만이 아닌 미래 가능성과 잠재력을 바라볼 때 아이도 자신을 믿고 도전하는 힘을 얻게 된다. "넌 잘할 수 있어."라는 부모의 신뢰는 단순한 격려 이상의 의미를 가진다. 그것이야말로 아이의 자율성과 주도성을 이끄는 가장 강력한 성장 동력이 된다.

우리는 빠르게 변화하는 불확실성의 시대에 살고 있다. 이런 시대를 살아갈 아이들에게 필요한 것은 점수나 스펙만이 아니다. 낯선 문제 앞에서도 해결책을 찾는 주도성, 그리고 실패 앞에서도 다시 도전하는 용기다. 부모가 이러한 역량을 키워주지 못한다면 아이는 끊임없이 변화하는 사회 속에서 길을 찾지 못하고 방황할 수밖에 없다. 부모가 먼저 변화할 때 아이도 달라진다.

초등학생부터
경제교육이 필요한 이유

　요즘 아이들은 우리가 어릴 때와는 전혀 다른 세상에서 돈을 경험하고 있다. 예전엔 뭔가를 사려면 부모 허락을 받아야 했고, 사고 싶은 물건도 많지 않았다. 지금은 스마트폰 하나면 클릭 몇 번으로 게임 아이템도 구매하고, 유료 앱도 결제하며, 인터넷 쇼핑까지 가능하다. 쉽고 빠른 소비로 변화한 것이다.

　요즘 아이들은 유튜브나 SNS를 보면서 자연스럽게 소비문화를 접한다. 비싼 물건을 사라는 광고영상과 고급 브랜드를 뽐내는 콘텐츠 등이 넘쳐난다. 남들보다 더 좋은 걸 갖는 게 성공으로 느껴지고, 부러움의 대상이 되기도 한다. 이렇게 소비 욕구가 끊임없이 자극되는 환경 속에서 자라다 보니 아이 스스로 욕구와 필요를 구분하지 못한다.

부모가 용돈을 주곤 있지만 아이들은 돈을 어떻게 써야 하고, 어떻게 관리해야 하는지 제대로 배우지 못하고 있다.

'다 쓰면 또 주겠지.'

이와 같은 생각이 들기 쉽고, 이런 습성은 성인이 되어서도 남아있다. 신용카드 과소비, 저축 부족, 재정관리 미숙, 돈 앞에서 감정적으로 흔들리는 모습 등은 하루아침에 만들어진 게 아니다. 결국 어린 시절에 돈을 다루는 방법을 배우지 못한 결과다.

경제교육은 단순히 돈을 아끼는 법을 알려주는 게 아니다. 아이가 자라서 자신의 삶을 경영하는 힘을 키우는 실용적 훈련의 과정이다. 경제교육은 어린 나이에 시작할수록 자연스럽고 효과적이다. 왜 그럴까?

초등학생부터 경제교육이 필요한 이유

1. 소비를 통제할 힘을 길러준다

아이들은 소비 욕구를 자극받는 환경 속에서 자란다. 충동적으로 돈을 쓰는 습관이 어릴 때 형성되면 성인이 되어서도 쉽게 고쳐지지 않는다. 경제교육을 받은 아이는 '갖고 싶은 것'과 '가질 수 있는 것'을 구분하고 우선순위를 고민하며, 소비를 조절하는 힘을 키운다. 용돈을 관리하고 소비와 저축의 균형을 배우며, 스스로 소비계획을 세워보는 경험이 쌓이면서 자기 통제력도 함께 자란다.

반면 경제교육 없이 자란 아이는 순간적인 욕구 충족에 익숙해지거나 '부모가 다 해결해 주겠지'라는 의존심을 키운다. 이런 차이는 성인이 되어 신용관리와 저축, 투자, 재정관리 등에서 결정적 차이를 만들어 낸다.

2. 스스로 결정하고 책임지는 경험을 쌓게 해 준다

경제란 결국 '제한된 자원을 어떻게 사용할 것인가'를 고민하는 과정이다. 경제교육을 받는 과정에서 아이는 자연스럽게 선택과 책임의 구조를 배운다. 용돈을 어떻게 쓸지, 지금 살지 저축할지를 결정하는 경험 등으로 의사결정 능력과 책임감이 길러진다.

반대로 부모가 늘 대신 결정해 주는 환경에서 자란 아이는 갈등 상황에서 스스로 결정하는 능력이 약해진다. 경제교육은 작은 선택들의 반복을 통해 아이가 자기 삶을 책임지는 어른으로 자라게 하는 소중한 장치이다.

3. 장기적인 안목과 미래를 대비하는 태도를 만들어 준다

어릴 때 경제교육을 잘 받은 아이는 자연스럽게 미래를 생각하는 습관을 갖는다. 단순히 현재를 위해 돈을 쓰는 것이 아니라, 미래를 위해 저축하고 준비하는 장기적 안목을 키운다.

반대로 경제교육이 부족한 아이는 쉽게 현재의 만족을 우선시하고, 장기 계획의 필요성을 덜 느낀다. 또한 성인이 된 후에도 소비 쾌락에 흔들리기 쉽고, 금융적 위기 상황에서 제대로 대응하지 못할 가능성이 높다.

구분	경제교육을 잘 받은 아이	경제교육이 부족한 아이
소비 습관	욕구와 필요를 구분하고 통제함	즉각적 소비, 충동구매에 익숙함
의사결정 능력	스스로 선택하고 책임지는 태도 형성	타인의 판단에 의존하는 습관
미래 대비	장기적인 계획과 준비 태도 보유	현재 만족 위주의 소비 습관
돈에 대한 인식	돈을 삶의 자원으로 관리함	돈을 결과물·보상으로 인식
위기 대응력	재정적 위기 상황에서도 대처 가능	재정적 위기에 쉽게 취약

경제교육은 단순히 돈을 아끼고 저축하는 법을 가르치는 것만이 아니다. 아이의 평생을 지탱해 줄 삶의 태도를 길러주는 과정이다. 돈을 다룬다는 것은 한정된 자원을 어떻게 관리하고, 선택하고, 책임질 것인가를 배우는 일이다. 이는 학업만으로는 습득할 수 없는 중요한 인생의 기술이다.

요즘처럼 변화가 빠르고 불확실성이 큰 시대에 아이가 재정적 위기에도 흔들리지 않고 합리적으로 의사결정 할 힘을 길러주는 것은 부모가 아이에게 줄 수 있는 최고의 선물이다. 부모가 아이에게 만들어준 경제 경험은 성인이 되었을 때 '스스로 삶을 경영

할 수 있는 능력'을 키워준다. 따라서 경제교육은 늦지 않은 나이에, 되도록 초등학생 때 시작하는 것이 이상적이다.

자신만의 색을 찾아라,
굳어진 선입견을 넘어

우리는 종종 삶의 해답, 성공의 비결이 외부 어딘가에 숨겨져 있을 거라는 선입견에 갇히곤 한다. '분명히 정답은 있을 거야, 나만 모르고 있는 거지. 반드시 찾아내고 말 거야!'라며 존재하지 않는 답을 좇아 엉뚱한 곳에서 헛수고를 반복하고 있을 때가 있다.

성공한 사람들의 특별한 비법, 남다른 방법, 숨겨진 수단이 있어서 그들이 성공했을 것이라 믿고 그 '비법'을 찾아 헤매지만 실상 그들이 가진 성공의 열쇠는 우리가 이미 알고 있는 지극히 당연한 것들일 가능성이 크다. 꾸준한 노력, 긍정적인 태도, 명확한 목표 설정 등과 같은 것이다.

어제의 정답이 오늘은 오답일 수 있다

존재하지 않는 답을 찾으려 하니 그 길이 험난하고 어려울 수밖에 없다. 설령 성공한 사람들의 비법을 안다고 한들 과연 우리가 그들만큼 꾸준한 실행력을 발휘할 수 있을까.

유명 사진작가의 멋진 작품을 보며 "어떤 카메라를 사용하시나요? 저도 그 카메라를 사면 그렇게 찍을 수 있을까요?"라고 질문하는 것은 현명한 태도가 아니다. 어쩌면 우리 스스로 삶의 다양한 영역에서 비슷한 질문을 던지고 있는지 모르겠다. 성공의 도구에만 집중한 채 정작 그 도구를 사용하는 '나'라는 존재의 역량과 노력은 간과하고 있지 않은가?

물론 오랜 경험과 숙련을 통해 쌓인 고수들만의 특별한 비법이 존재할 수 있다. 독서를 통해서도 그러한 지혜의 조각들을 발견할 수 있겠다. 하지만 아무리 귀한 비법을 찾았다 한들 스스로 실천하지 않으면 아무런 소용이 없다. 어쩌면 우리가 찾아 헤매는 정답은 이미 시대에 뒤떨어진 낡은 비법일 수 있다. 결국 진정한 해답은 외부가 아닌 내 안에서 남들과는 다른 고유한 강점과 잠재력을 발견하고 키워감에 있다.

어제의 정답이 오늘은 오답일 수 있다. 타인의 정답이 반드시 나의 정답이 될 수는 없다. 때로는 질문에 단 하나의 정답만이 있는 게 아니며, 상황과 관점에 따라 여러 개의 정답이 존재할 수 있음을 이해해야 한다. 획일적인 사고에서 벗어나 자신만의 해답을 찾아 나서는 용기가 필요하다.

자신만의 색을 찾아라, 굳어진 선입견을 넘어

그렇다면 어떻게 자신의 고유한 해답을 찾을 수 있을까? 그것은 바로 자기 자신과의 대화에서 시작된다. 우리는 살아가면서 수많은 경험을 통해 자신에게 맞는 방법을 자연스럽게 발견하지만, 그 방법을 찾기 위해서는 내면의 목소리에 귀 기울여야 한다. 많은 사람들이 외부의 기대와 사회적 기준에 맞춰 살지만, 진정 원하는 것이 무엇인지 제대로 알지 못할 때가 많다. 그럴 때는 잠시 멈추고, 내가 정말 원하는 것이 무엇인지를 생각해 보자.

남들의 길을 따라가다 보면, 결국 내가 가고 있는 길이 아닌 타인의 길을 걷고 있다는 느낌을 받게 된다. 성공한 사람들의 방식을 그대로 따라가고 싶을 때가 많지만, 그들의 길이 나에게 적합한지, 내가 원하는 삶을 살 수 있는지 고민해 봐야 한다. 굳어진 선입견을 넘어, 자신만의 색을 찾는 것이 중요하다.

자신만의 색을 찾는 것은 단순히 외적인 성공을 추구하는 것이 아니라, 나 자신이 누구인지를 정확히 알고, 그 길을 가는 것이다. 나의 색을 찾고, 그 길을 걸어갈 때 비로소 진정한 만족과 성취감을 얻을 수 있다. 남들과 같은 길을 가는 대신, 나만의 길을 찾아 나가야 한다. 그렇게 나만의 길을 걸어갈 때 진정한 자유와 행복을 느낄 수 있다.

부모가 자신만의 길을 걸어갈 때, 아이는 자연스럽게 그 모습을 보고 배운다. 부모가 자신의 길을 찾는 과정은 아이에게 중요한 모델이 된다. 아이는 부모가 스스로 선택하고, 어려움을 극복하는 모습을 보면서 자신의 삶도 주도적으로 살아갈 수 있다는 자신감을 얻는다. 부모의 진정성과 결단력이 아이에게 삶의 방향을 제시하는 중요한 역할을 하게 될 것이다.

에필로그

함께 성장하는
부모와 아이의 여정

아이들은 부모의 삶을 그대로 반영합니다. 부모가 보여주는 모습, 행동과 말투, 태도 하나하나가 아이에게 깊은 영향을 미칩니다. 아이들은 삶의 중요한 가르침을 부모의 삶 자체에서 배웁니다. 이 책을 통해 전하고자 했던 메시지는 바로 이것입니다. 부모가 먼저 변화하고 성장할 때, 그 영향은 아이에게 그대로 전달됩니다. 그 과정에서 부모와 아이는 함께 성장하는 동반자가 됩니다.

부모는 종종 아이에게 무엇을 가르칠 것인지에 집중합니다. 그러나 그보다 중요한 것은 어떻게 가르칠 것인지 입니다. 아이에게 '스스로 배우는 힘'을 심어주기 위해선 부모의 끊임없는 노력과 변화가 필요합니다. 부모가 먼저 변하지 않으면, 아이도 변할 수 없습니다. 이 책에서 이야기한 '역발상', '선택 총량제', '실패 총량제'와 같은 개념들은 단순히 아이에게 적용되는 것이 아니라, 부모에게도 중요한 원칙이 됩니다.

당신은 아이와 함께 성장하는 여정의 출발선에 서 있습니다. 그 길은 때로 힘난하고, 어려울 수 있습니다. 하지만 그 여정 속에서 아이는 부모와 한 걸음씩 함께 성장하며, 자신만의 길을 찾게 될 것입니다. 부모는 말로만 가르치는 사람이 아니라, 아이에게 매일매일 '어떻게' 살아갈지를 보여주는 사람이어야 합니다.

《스스로 배우는 아이로 자라는 중입니다》에서 배운 원칙들을 삶 속에서 매일 실천할 때, 아이는 조금씩 스스로 배우는 아이로 자라갑니다. 부모가 먼저 변하고 그 변화를 일관되게 실천할 때, 아이는 그 변화를 자연스럽게 받아들이고 스스로 변화할 수 있는 힘을 얻습니다.

부모가 변화하면 아이는 그 길을 따라가며 더 큰 자신감을 얻고, 더 나은 삶을 만들어 갑니다. 부모가 변화하는 그 순간, 아이의 미래도 달라집니다.

　오늘부터 바로 실천해 보세요. 작은 변화가 모여 큰 변화를 이룹니다. 아이가 스스로 배우고 성장하는 그 과정에 부모도 함께 참여하세요. 변화와 성장의 길을 함께 걸어가는 부모와 아이, 이 책을 펼친 순간 당신은 이미 그 길을 시작한 것입니다.

2025년 여름,
유성동